黑棋非棋 编著

围棋基础自测
1200题

对杀篇

化学工业出版社
·北京·

图书在版编目（CIP）数据

围棋基础自测1200题. 对杀篇/黑棋非棋编著. —北京：化学工业出版社，2017.5（2025.2重印）
ISBN 978-7-122-29302-2

Ⅰ.①围… Ⅱ.①黑… Ⅲ.①围棋—习题集 Ⅳ.①G891.3-44

中国版本图书馆CIP数据核字（2017）第052814号

责任编辑：史　懿　　　　　　　　　装帧设计：刘丽华

出版发行：化学工业出版社（北京市东城区青年湖南街13号　邮政编码100011）
印　　装：涿州市般润文化传播有限公司
710mm×1000mm　1/16　印张12　2025年2月北京第1版第6次印刷

购书咨询：010-64518888　　　　　　售后服务：010-64518899
网　　址：http://www.cip.com.cn
凡购买本书，如有缺损质量问题，本社销售中心负责调换。

定　价：39.80元　　　　　　　　　　　　　　版权所有　违者必究

本套书主要写给初学围棋的儿童及其家长,以及自学围棋的爱好者。

爱好者无论是接受系统的围棋教学,还是自学,做练习题都是学习围棋必不可少的内容。做练习题既可以巩固所学知识,提高计算能力,更可以培养行棋的感觉,对于提高棋艺水平大有裨益。

初学者做题时,往往比较茫然,不知道"着手"在哪里,而下一手对方又将回应在哪里。笔者在开始学习围棋时也有过这样的困惑,所以根据多年的教学经验,编写了这套《围棋基础自测1200题》。

本套书包含吃子篇、死活篇、对杀篇三册。吃子、死活和对杀是围棋最基本的技能,吃子是各项技能的前提,死活是围棋对弈的核心,对杀是棋艺提高的台阶。只有掌握了这三项基本技能,才能继续学习布局、打入、定式、官子等更深入的知识。本套书不涉及大局观等全局概念,只研究局部的拼杀,并以此为基础,帮助爱好者向更高深的领域进军。

本套书的特点如下。

①从零基础开始,在难度上无门槛,初学者上手快,可增强信心,随后逐步

提升难度。非常适合初学者自我强化练习。

②全部使用图解式答案，尽量不用文字注解，儿童可轻松学习。

③答案详细。本套书将正解图和失败图尽可能展现给读者。目的有四：第一，正解图中包含了围棋的棋理，变化图和失败图也包含着一定的棋理；第二，不管是研究正解图还是失败图，都会有收获，研究失败图也是长棋的一种途径；第三，失败图的着点都是初学者经常走出来的，读者可以此为鉴；第四，详细的解析也便于学生、家长及自学围棋的爱好者参考。

初学者可根据棋力提升的速度安排做题的进度。刚入门时，可做一些简单的吃子练习，当正确率比较高时，可以相应地做一些死活、对杀练习。这样循序渐进、螺旋式上升，既减少了做题过程中的枯燥感，又避免了棋艺上升时可能出现的瓶颈期，更能够接触不同的题型，有利于实战应用，一举多得。

本套书在编写过程中得到了李恩国、罗季雄、王文涛、韩载鸣、彭宁辉、李铮宙、赵博、韩洋、张春梅、齐庆恩、齐树森、马玉兰、马玉华、马玉艳、慕万增、马玉梅、罗野、罗岩、高素春、狄春红、齐飞、齐成、罗小雷、罗宇轩等同仁及亲友的支持与帮助，在此一并表示感谢。

·本书使用说明·

本书中的练习题都是黑先。正解答案都是黑棋净杀白棋或在对攻中吃掉白棋的棋筋成功做活。如果走成打劫或双活等结果，则会被判为失败。随着题目难度的加大、爱好者棋力的提高，答案中一些过于简单的失败变化就不再收入其中了。

爱好者若对照答案发现自己解题的着点在书上找不到时，一般是因为此点为"无理手"，视做错误答案，可重新寻找合理的着点。

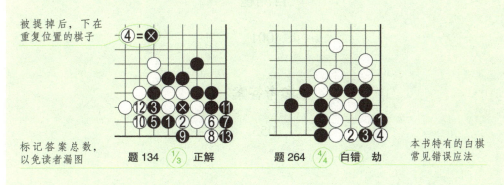

①×为提掉的子，▲为打劫的子，其余重复落位的子用■○等表示。

②A、B两点不是先A后B的次序。它们的含义是下一手若一方走了A点，另一方就走B点；若一方走了B点，另一方就走A点。

③"劫"是打劫的简称，"双"是双活的简称，"盘四"是盘角曲四的简称。

虽然笔者很想把全部答案写进书中，但因为围棋的变化太多，无法也不可能做到穷尽所有。所以也有照顾不到的地方，有些不太重要的答案也只能忍痛割爱，书中的答案仅供参考。

自测题
001

参考答案
053

自测题

对杀就是关于双方气数的较量，是一场你死我活的肉搏战。它涉及高级数气方法，比如抵消的气、隐藏的气等，涉及延长己方的气和缩短对方的气的方法。对杀常用的长气方法有长、立、尖、断、做眼等，常用的紧气方法有扑、挖、挤、破眼等。

对杀原则为：

① 气数相同，先走者胜；
② 气数不同，气多者胜；
③ 先紧外气，再紧内气，最后紧公气；
④ 有眼杀无眼；
⑤ 大眼杀小眼；
⑥ 公气算给有眼方；
⑦ 公气算给大眼方；
⑧ 长气杀有眼。

眼内的气数为：

① 独眼龙1口气；
② 直二2口气；
③ 直三、弯三3口气；
④ 方四、丁四5口气；
⑤ 梅花五、刀把五8口气；
⑥ 葡萄六12口气。

学会对杀，围棋在你眼前将展现出一片新的天地。相信做完本册对杀题，你的棋力将会有一个质的飞跃。

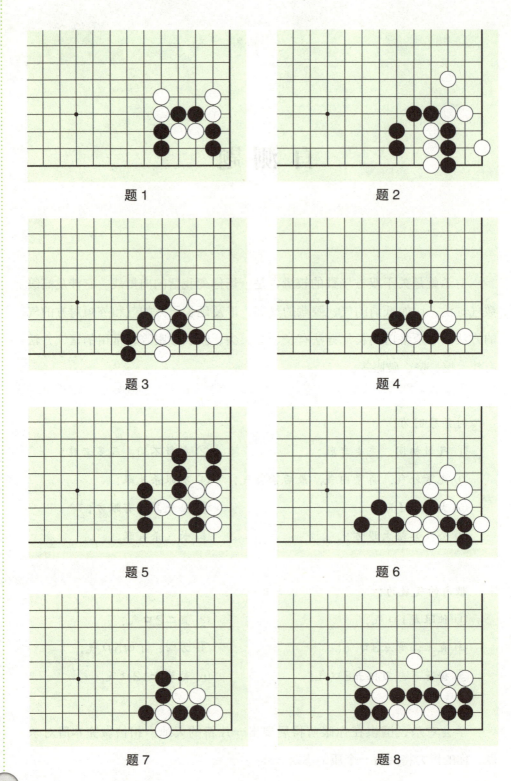

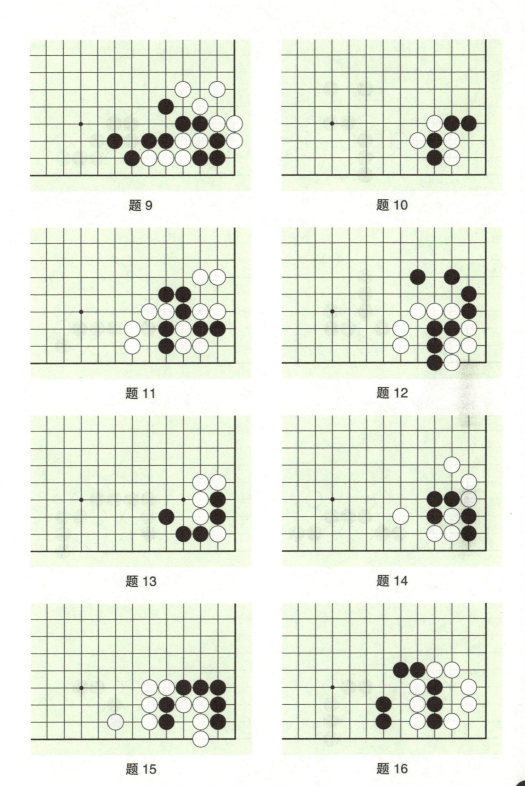

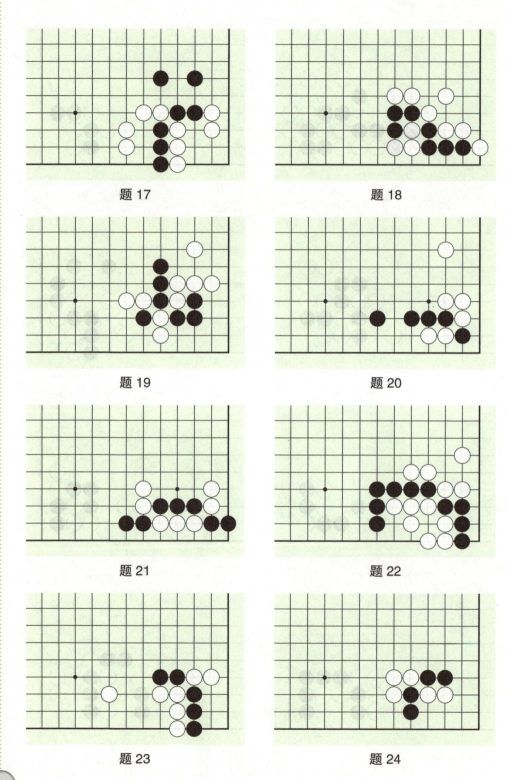

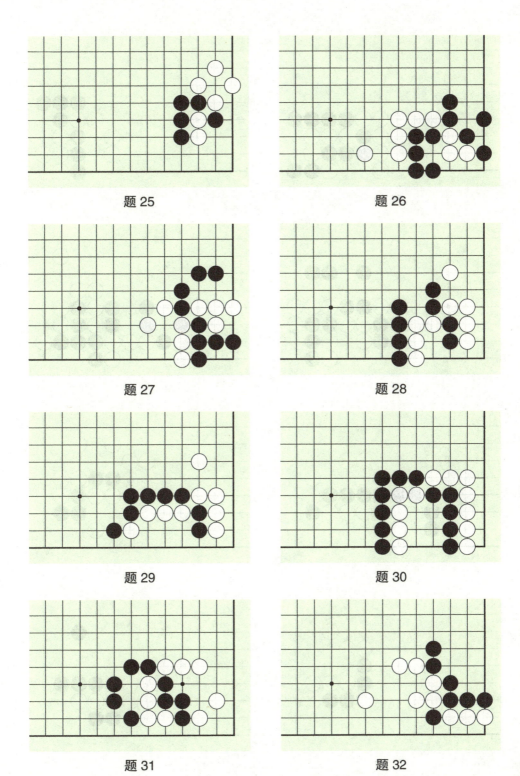

题 25　　　　　　　　题 26

题 27　　　　　　　　题 28

题 29　　　　　　　　题 30

题 31　　　　　　　　题 32

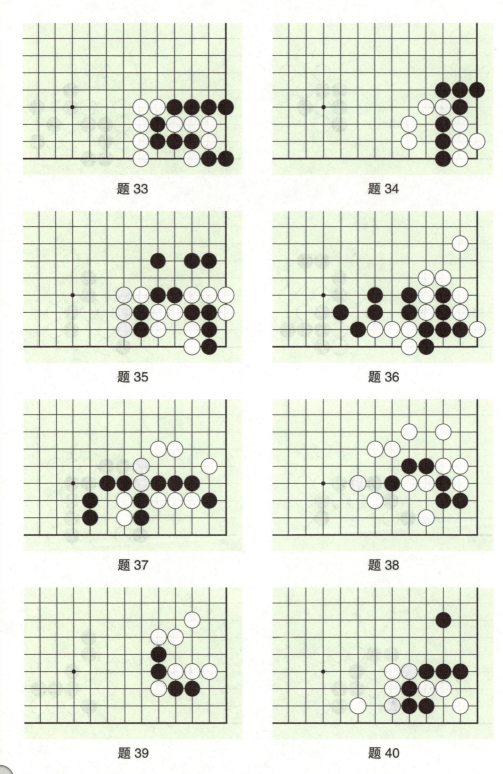

题 33　　　　　　　　题 34

题 35　　　　　　　　题 36

题 37　　　　　　　　题 38

题 39　　　　　　　　题 40

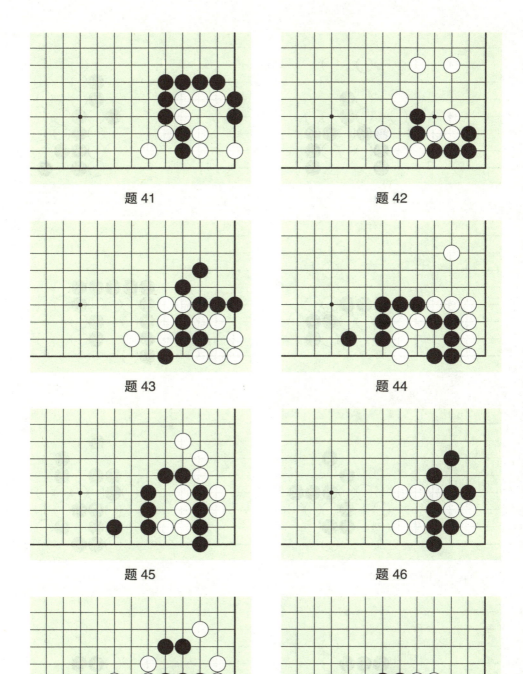

题 41　　　题 42

题 43　　　题 44

题 45　　　题 46

题 47　　　题 48

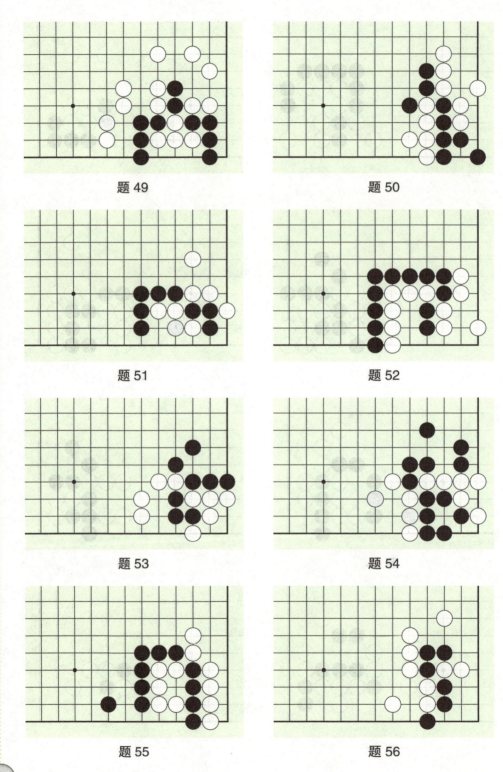

题 49　　　　　　题 50

题 51　　　　　　题 52

题 53　　　　　　题 54

题 55　　　　　　题 56

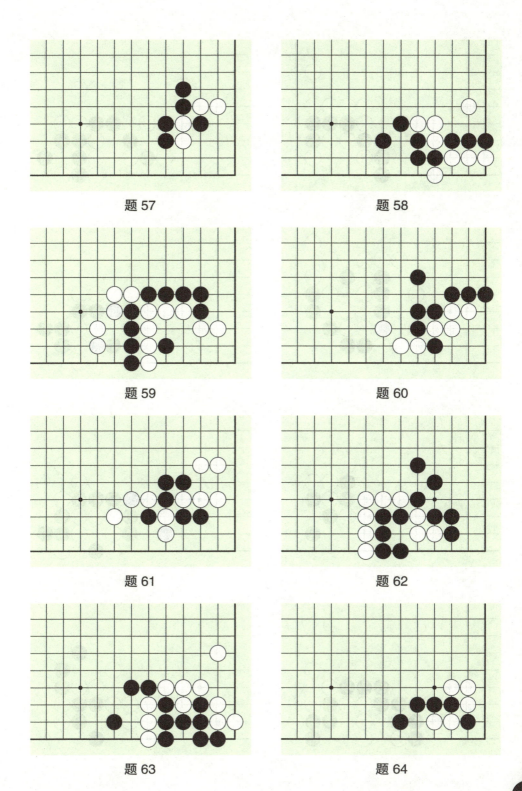

题 57　　　　　　　　题 58

题 59　　　　　　　　题 60

题 61　　　　　　　　题 62

题 63　　　　　　　　题 64

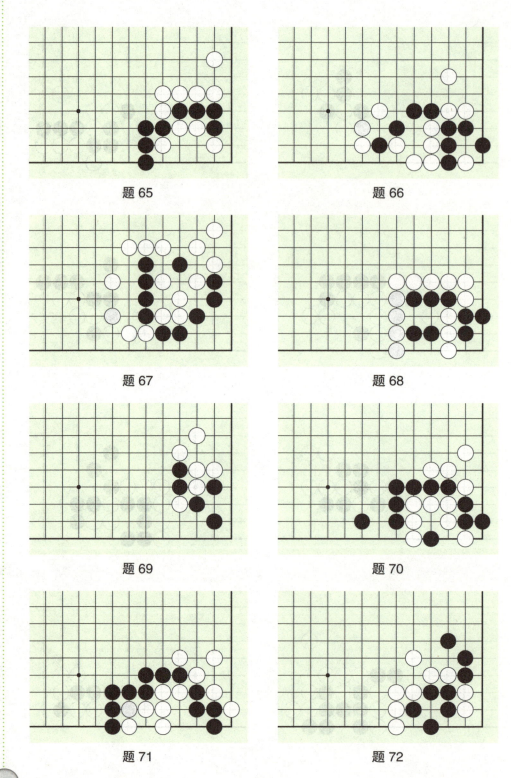

题 65

题 66

题 67

题 68

题 69

题 70

题 71

题 72

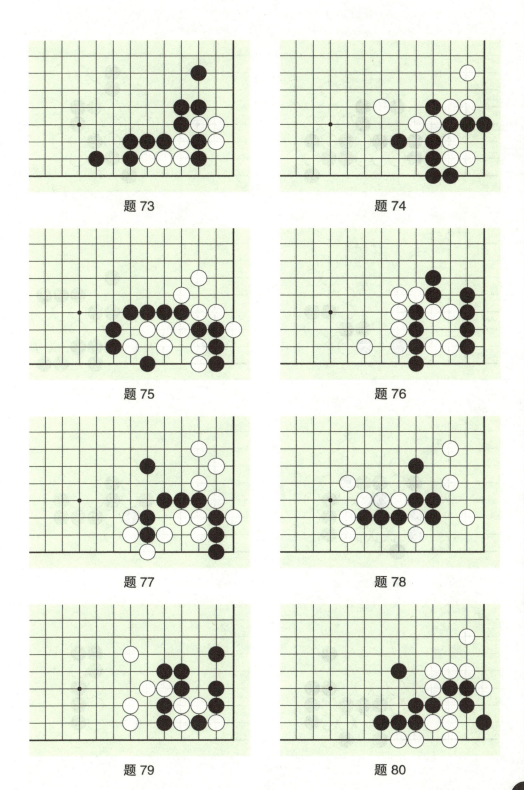

题 73　　　　　　　　题 74

题 75　　　　　　　　题 76

题 77　　　　　　　　题 78

题 79　　　　　　　　题 80

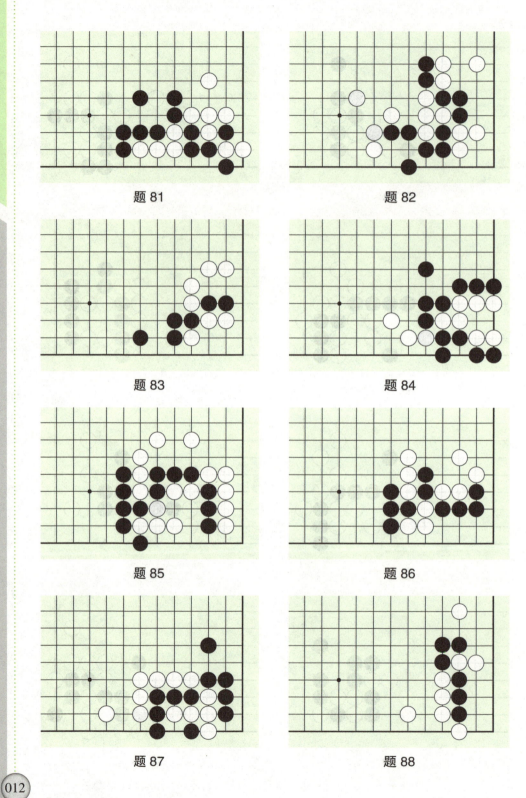

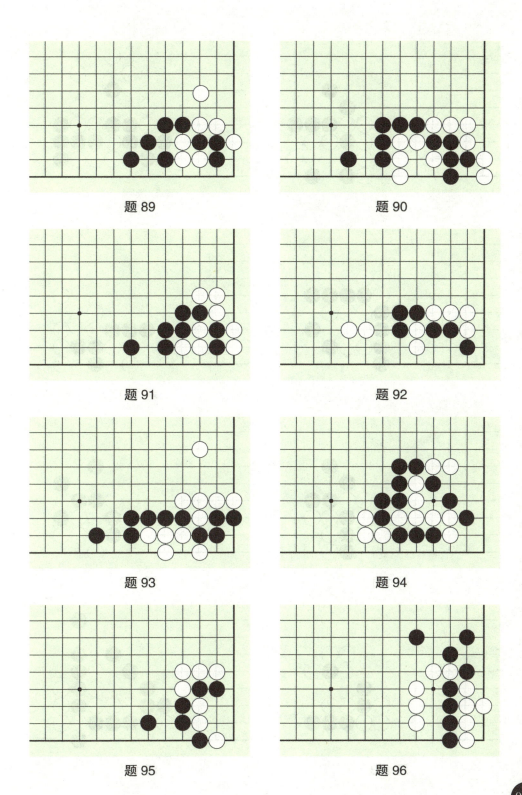

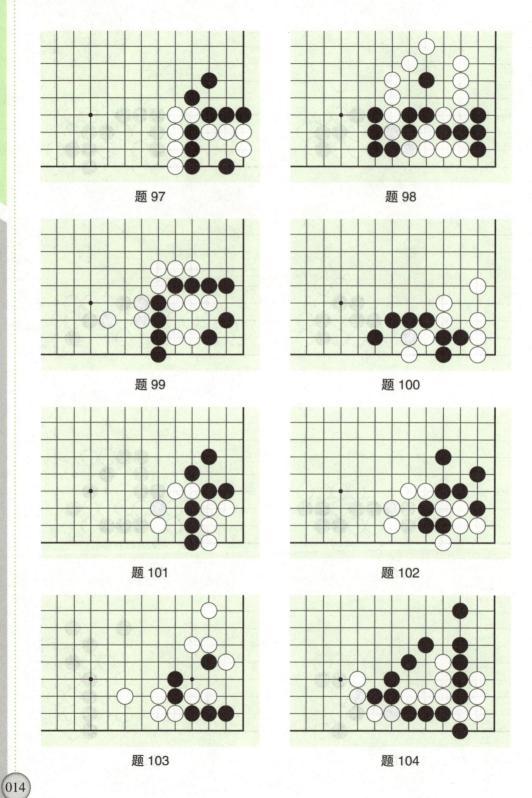

题 97

题 98

题 99

题 100

题 101

题 102

题 103

题 104

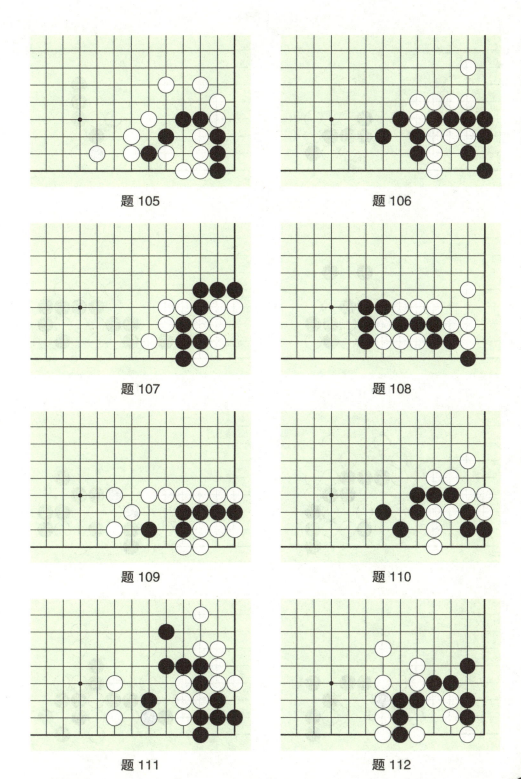

题 105　　　　　　　题 106

题 107　　　　　　　题 108

题 109　　　　　　　题 110

题 111　　　　　　　题 112

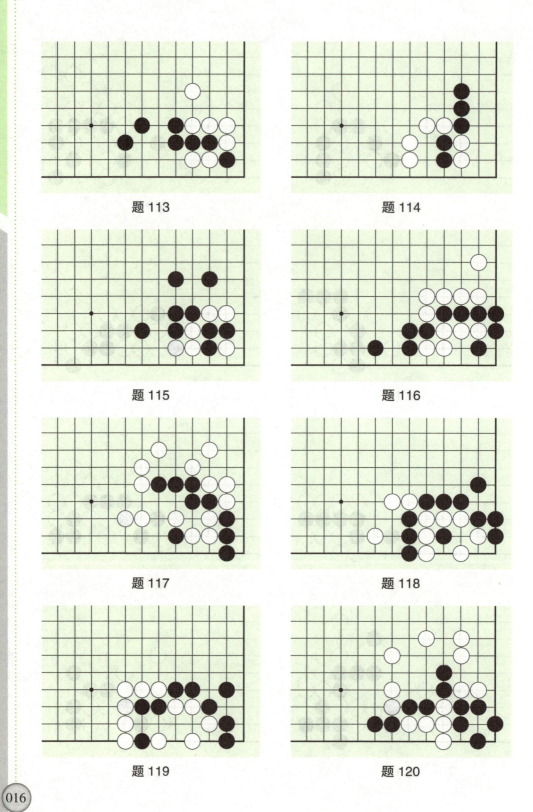

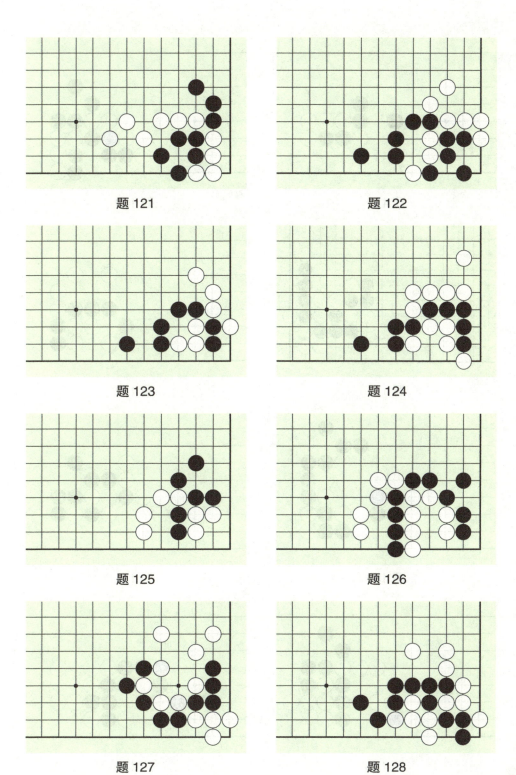

题 121 题 122

题 123 题 124

题 125 题 126

题 127 题 128

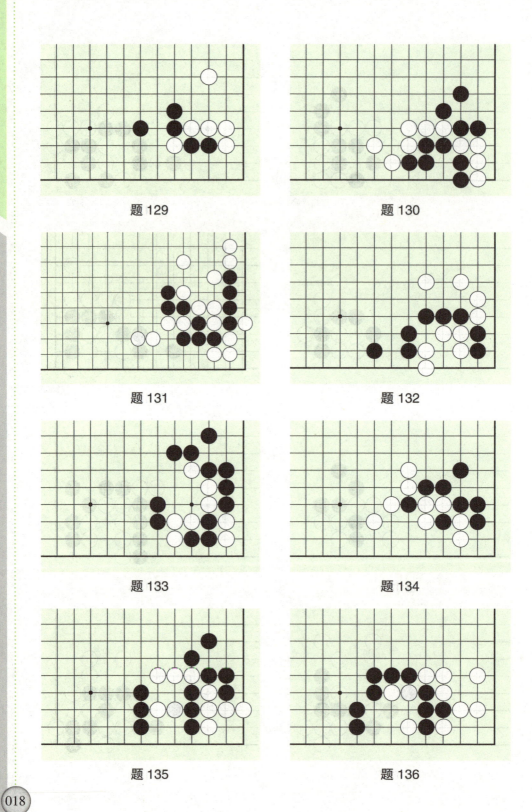

题 129　　　　　题 130

题 131　　　　　题 132

题 133　　　　　题 134

题 135　　　　　题 136

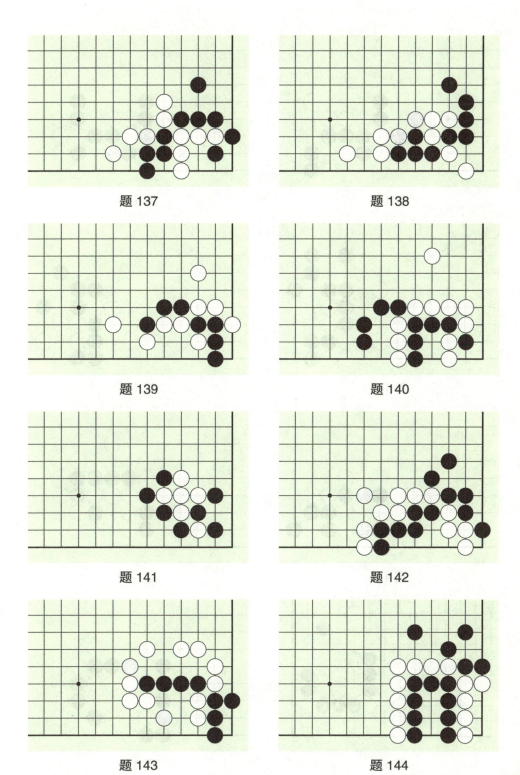

题 137

题 138

题 139

题 140

题 141

题 142

题 143

题 144

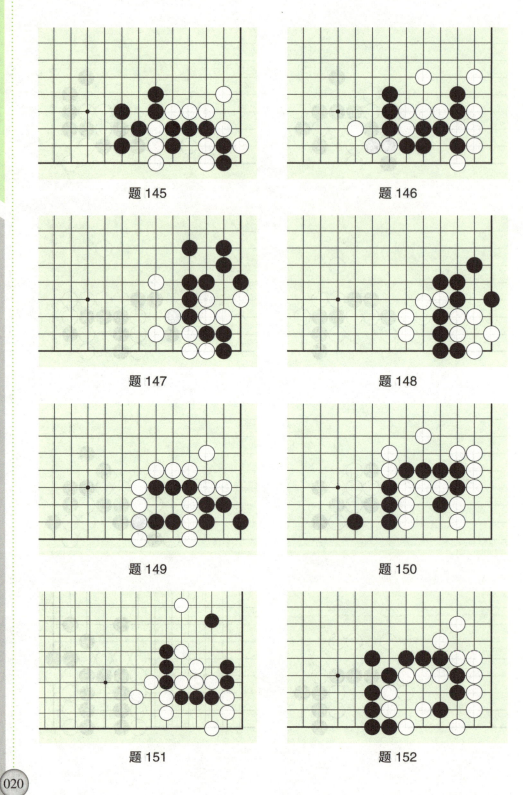

题 145　　题 146

题 147　　题 148

题 149　　题 150

题 151　　题 152

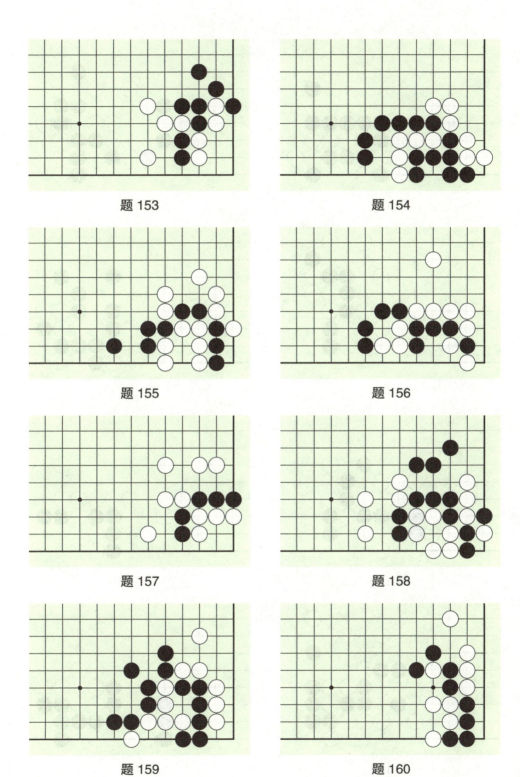

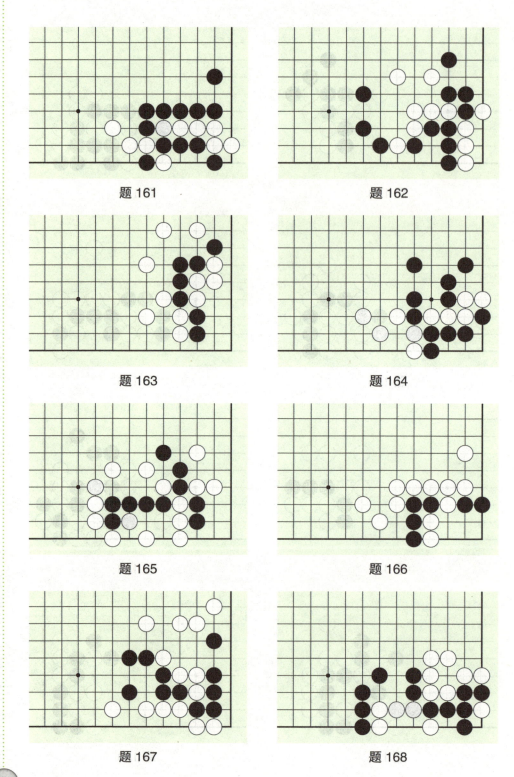

题 161　　　题 162

题 163　　　题 164

题 165　　　题 166

题 167　　　题 168

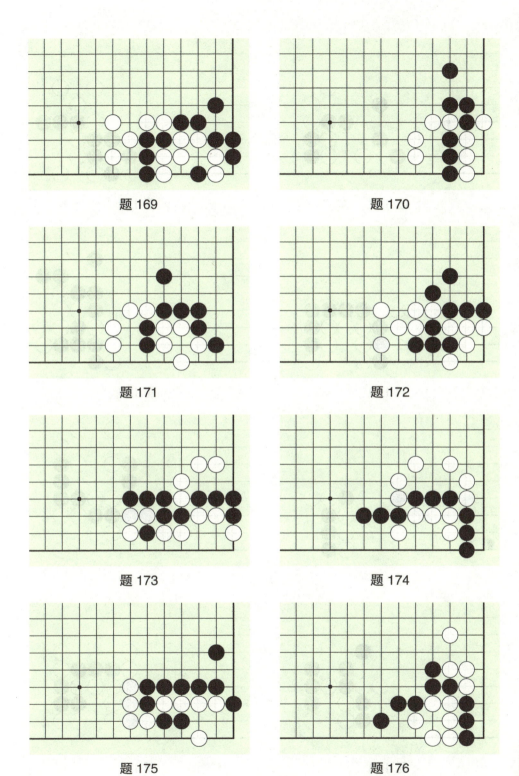

题 169　　　　题 170

题 171　　　　题 172

题 173　　　　题 174

题 175　　　　题 176

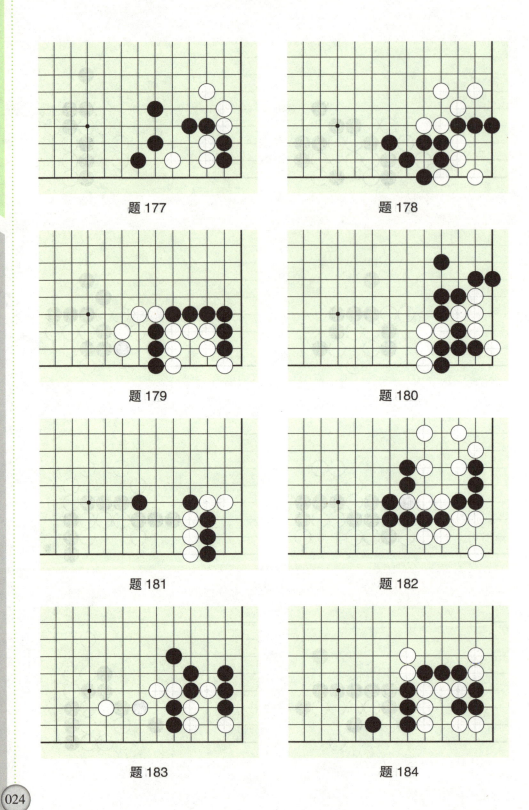

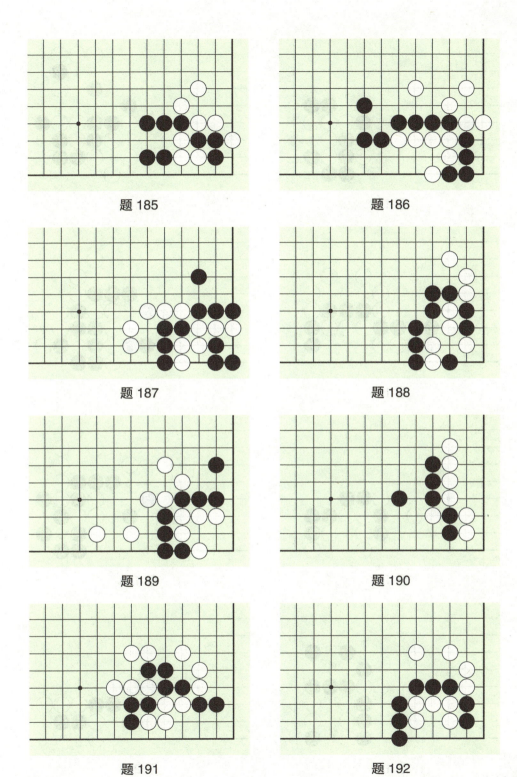

题 185　　　　　题 186

题 187　　　　　题 188

题 189　　　　　题 190

题 191　　　　　题 192

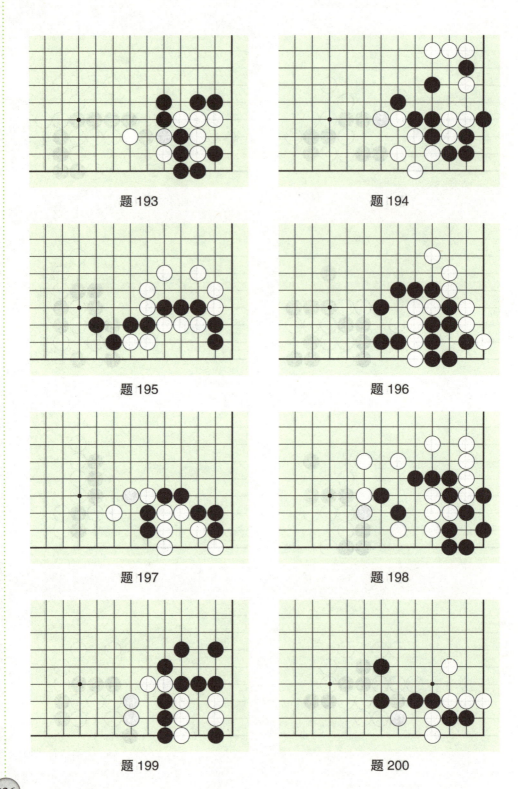

题 193　　题 194

题 195　　题 196

题 197　　题 198

题 199　　题 200

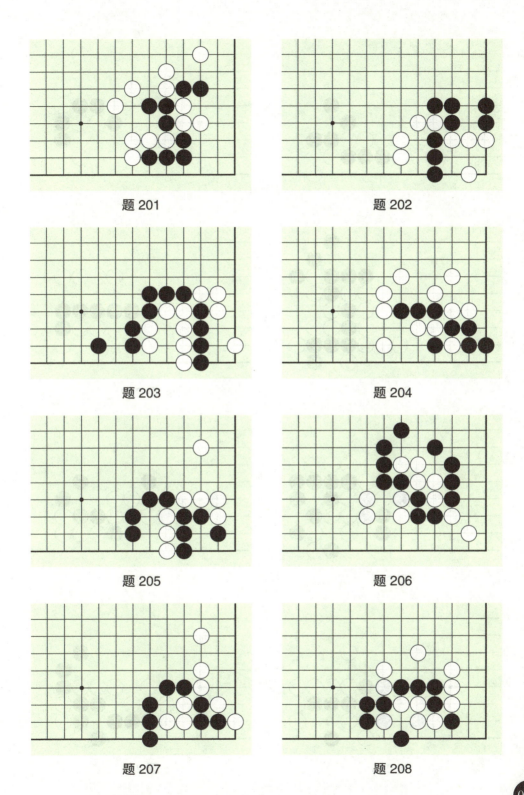

题 201　　　　　　题 202
题 203　　　　　　题 204
题 205　　　　　　题 206
题 207　　　　　　题 208

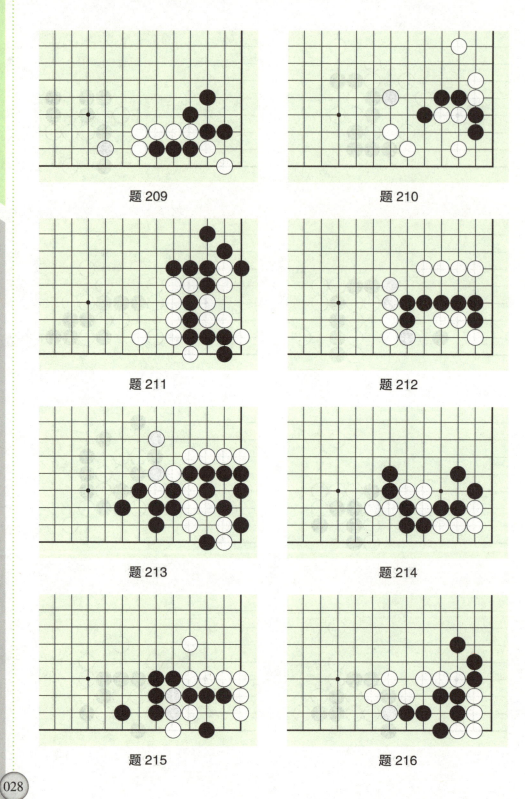

题 209　　题 210

题 211　　题 212

题 213　　题 214

题 215　　题 216

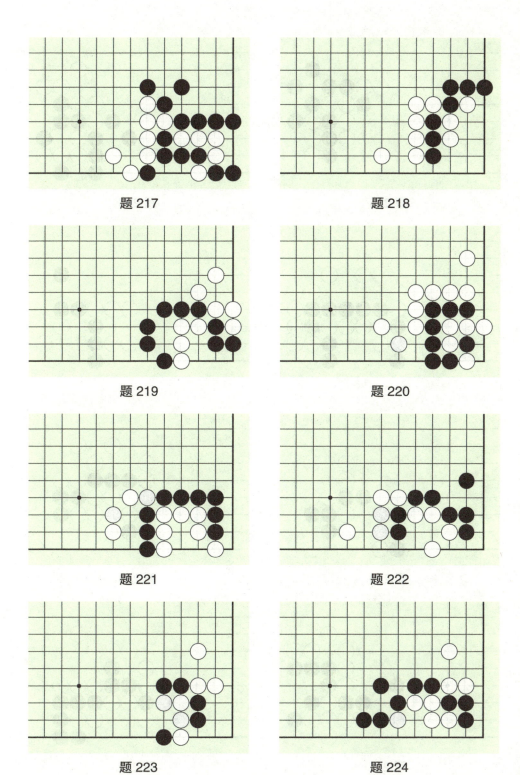

题 217　　题 218

题 219　　题 220

题 221　　题 222

题 223　　题 224

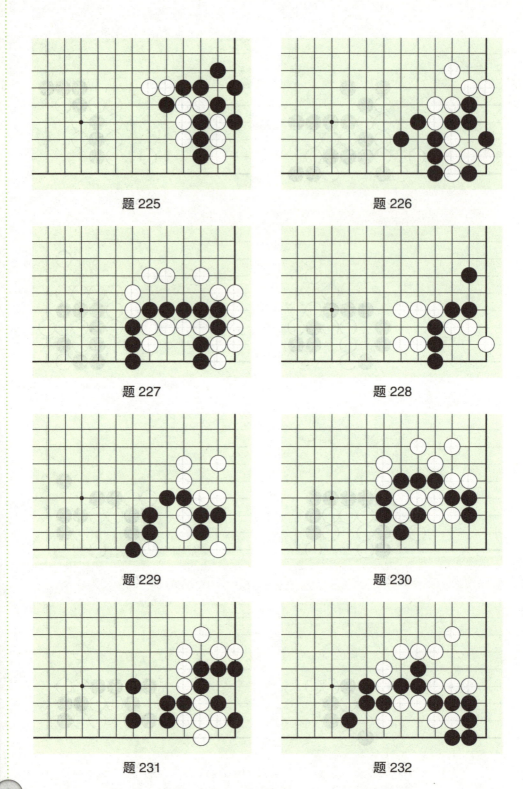

题 225 题 226

题 227 题 228

题 229 题 230

题 231 题 232

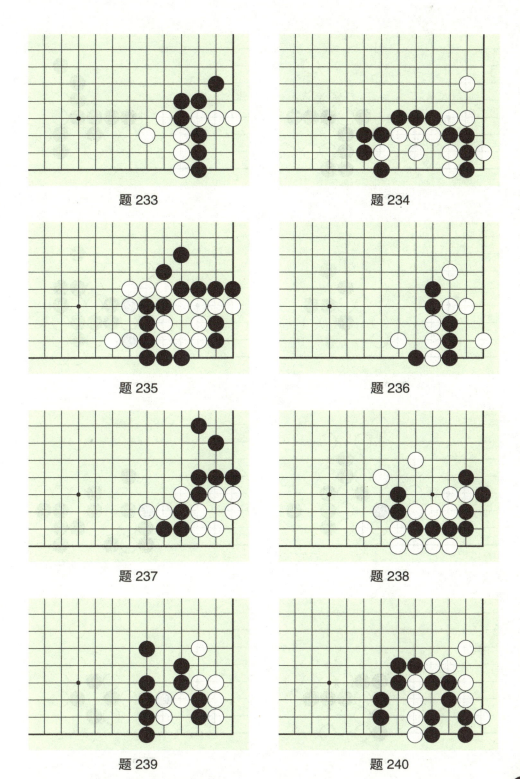

题 233

题 234

题 235

题 236

题 237

题 238

题 239

题 240

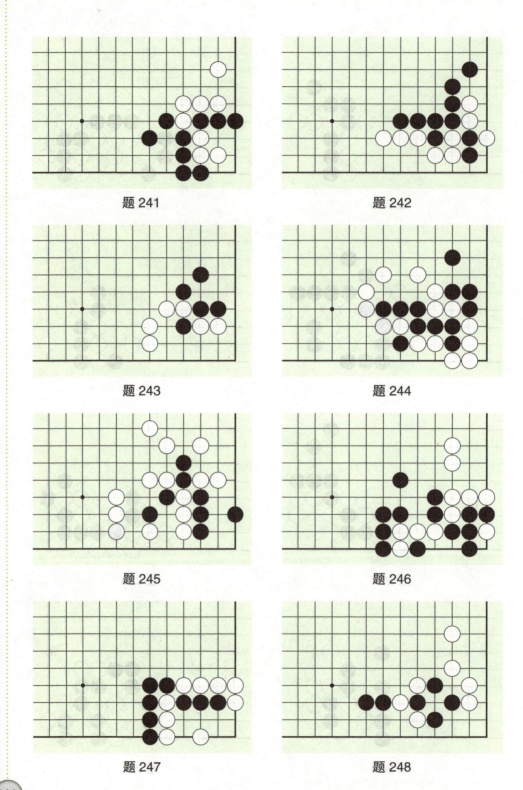

题 241　　题 242

题 243　　题 244

题 245　　题 246

题 247　　题 248

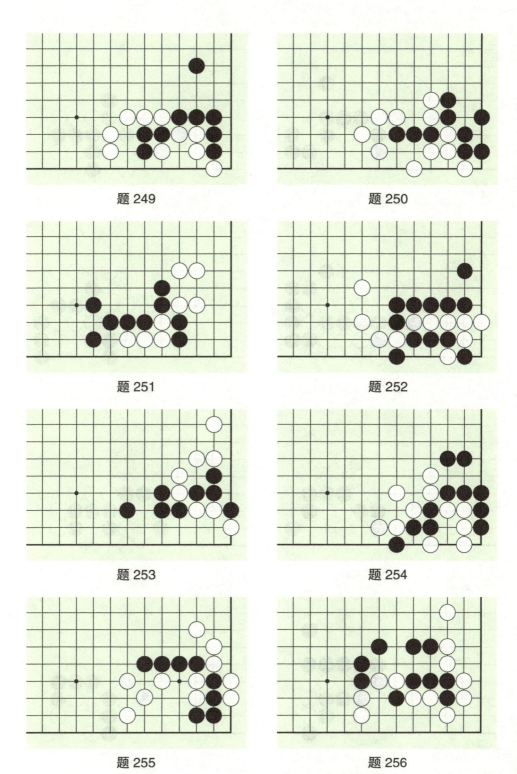

题 249　　题 250

题 251　　题 252

题 253　　题 254

题 255　　题 256

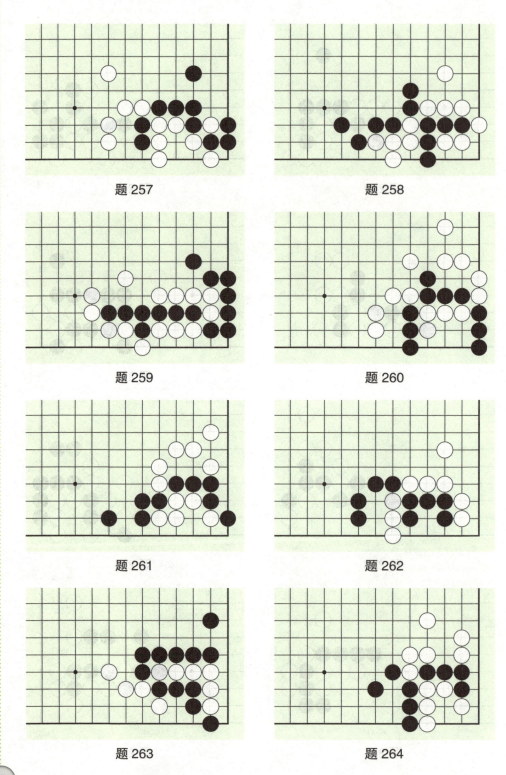

题 257　　题 258
题 259　　题 260
题 261　　题 262
题 263　　题 264

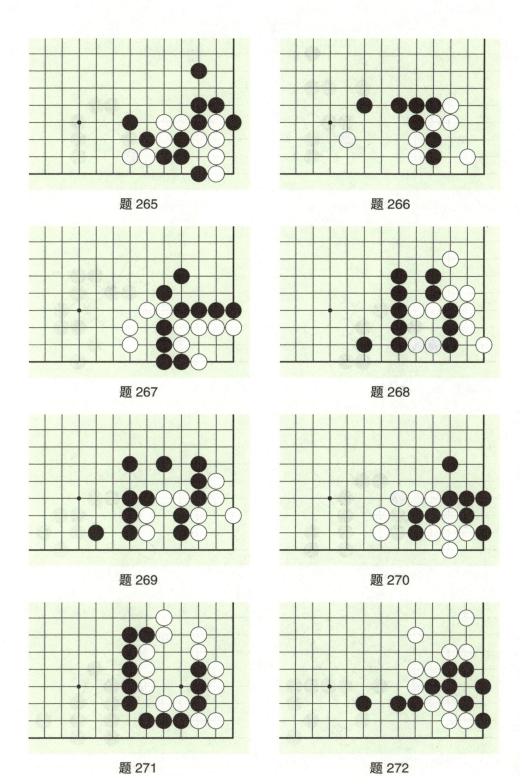

题 265　　题 266

题 267　　题 268

题 269　　题 270

题 271　　题 272

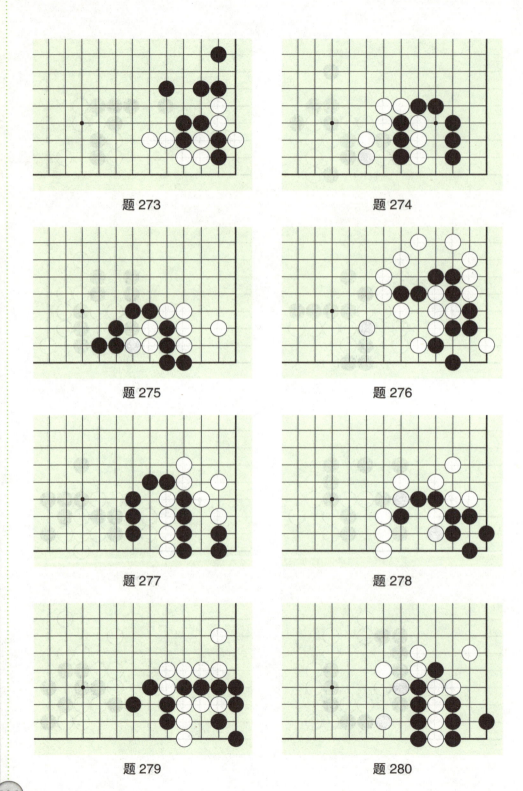

题 273　　　　　　　　题 274

题 275　　　　　　　　题 276

题 277　　　　　　　　题 278

题 279　　　　　　　　题 280

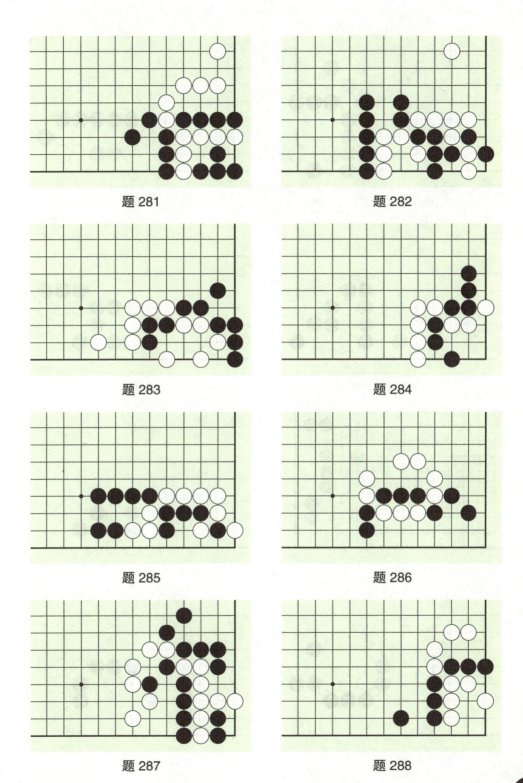

题 281　　　　　　　　题 282

题 283　　　　　　　　题 284

题 285　　　　　　　　题 286

题 287　　　　　　　　题 288

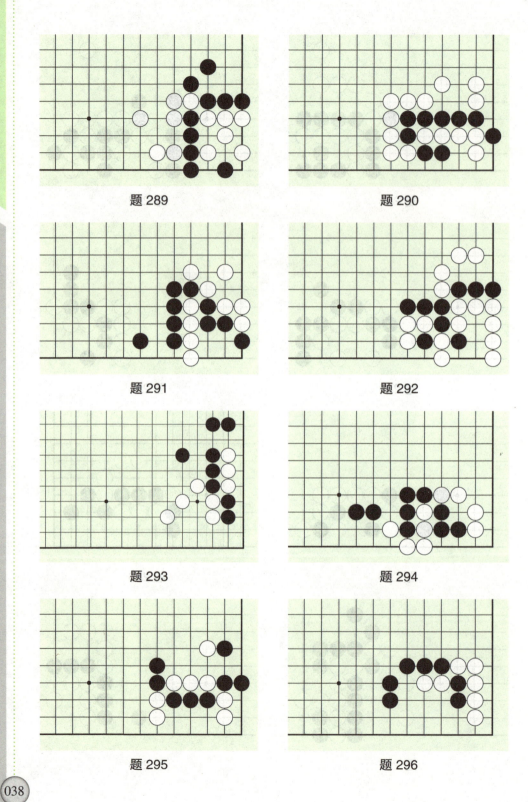

题 289　　题 290

题 291　　题 292

题 293　　题 294

题 295　　题 296

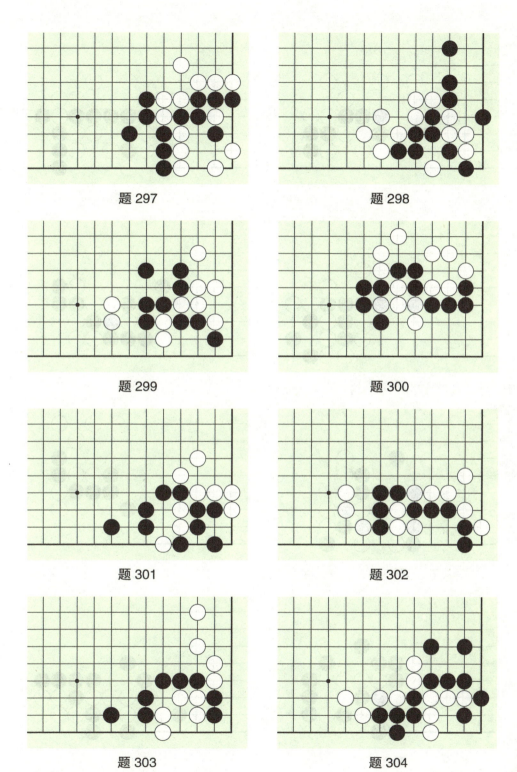

题 297　　　　　　　题 298

题 299　　　　　　　题 300

题 301　　　　　　　题 302

题 303　　　　　　　题 304

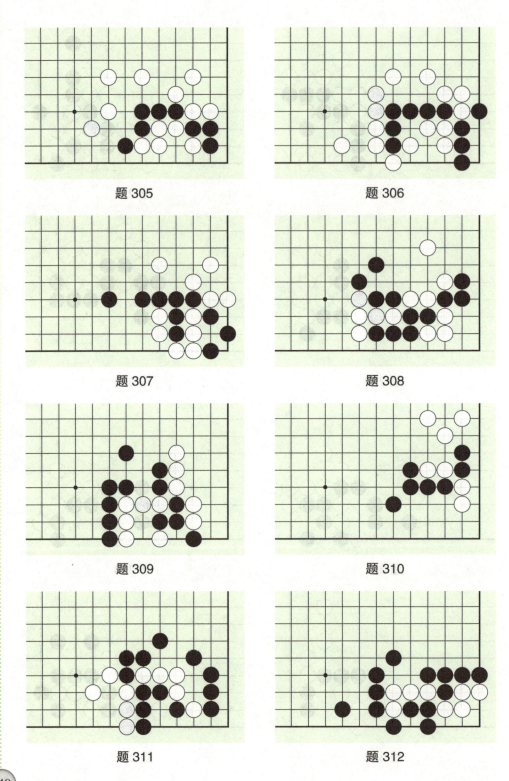

题 305　　　　　题 306

题 307　　　　　题 308

题 309　　　　　题 310

题 311　　　　　题 312

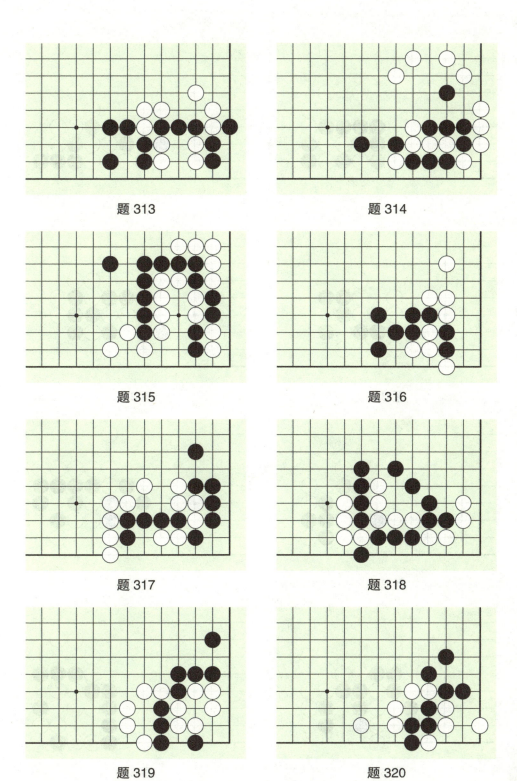

题 313　　　　　　　　题 314

题 315　　　　　　　　题 316

题 317　　　　　　　　题 318

题 319　　　　　　　　题 320

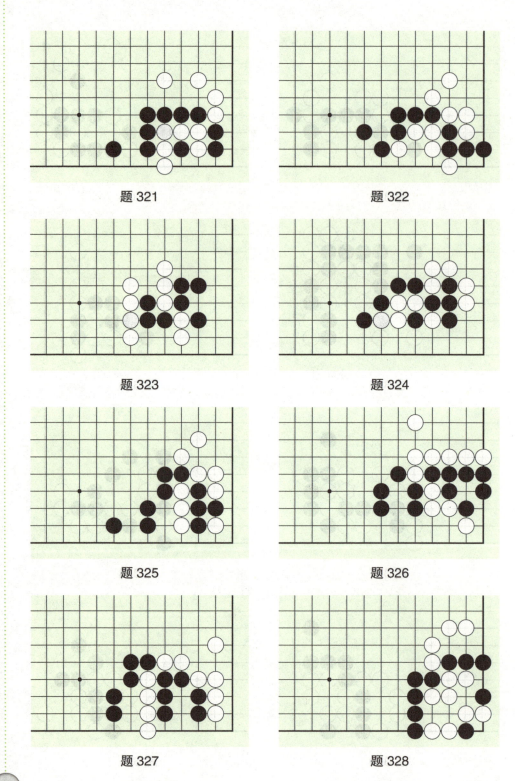

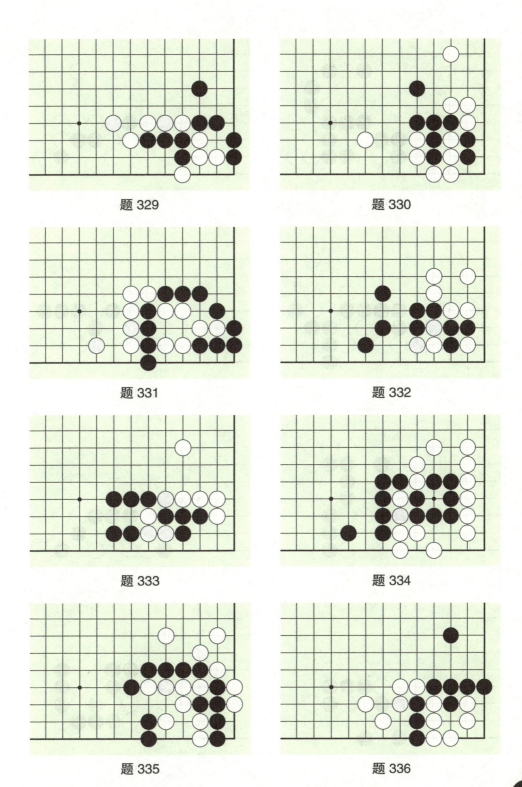

题 329　　　　　　　　　题 330

题 331　　　　　　　　　题 332

题 333　　　　　　　　　题 334

题 335　　　　　　　　　题 336

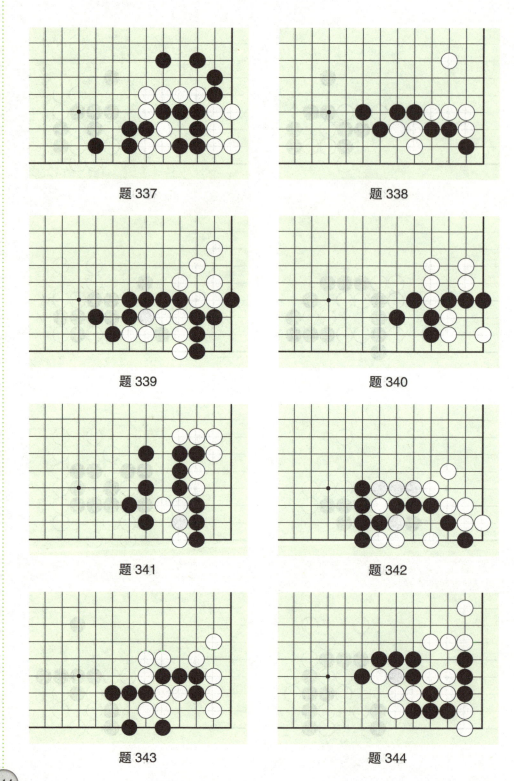

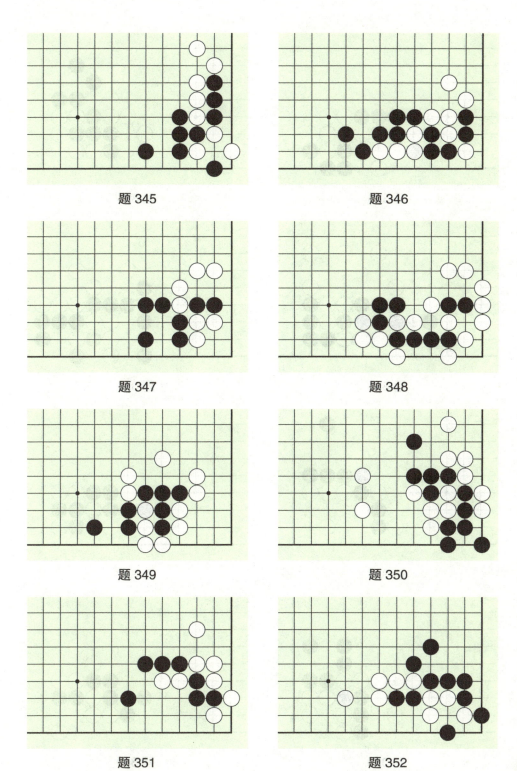

题 345 题 346

题 347 题 348

题 349 题 350

题 351 题 352

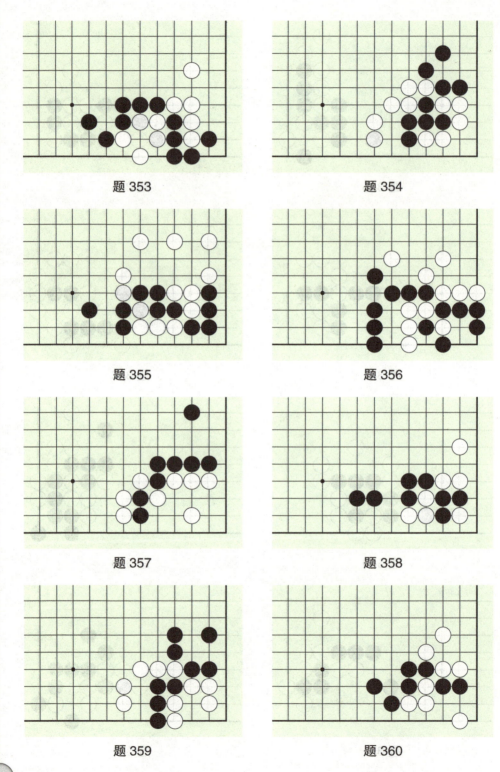

题 353　　　　　　题 354

题 355　　　　　　题 356

题 357　　　　　　题 358

题 359　　　　　　题 360

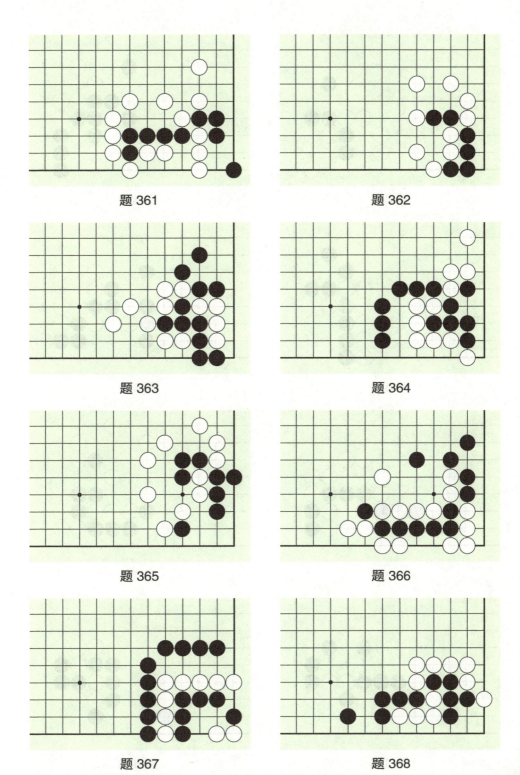

题 361　　　题 362
题 363　　　题 364
题 365　　　题 366
题 367　　　题 368

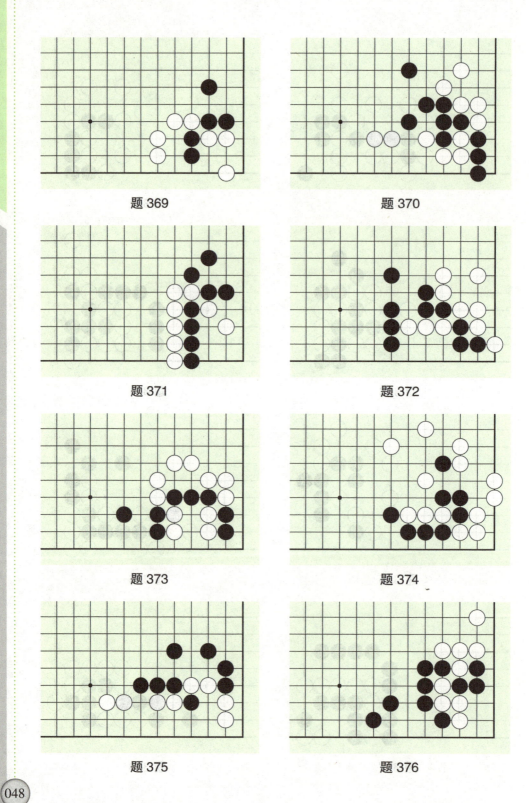

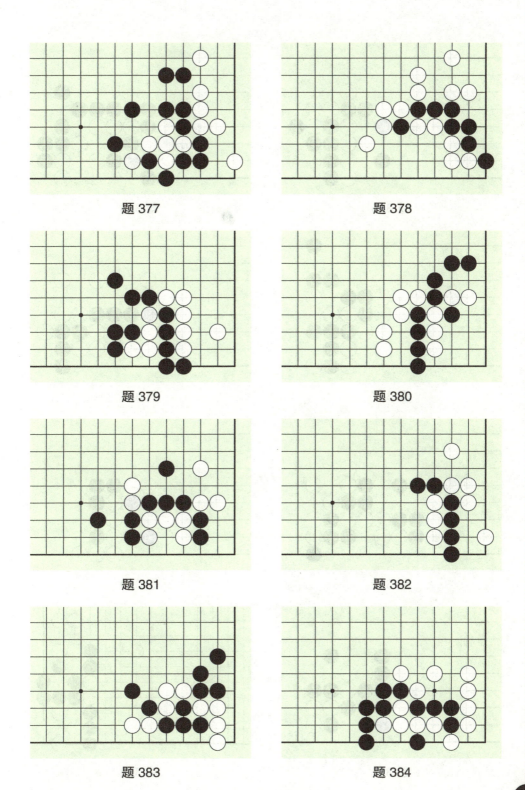

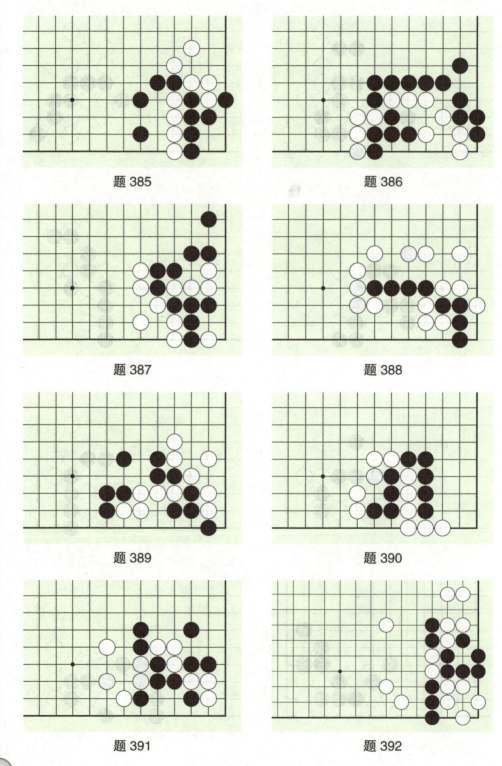

题 385　　　题 386

题 387　　　题 388

题 389　　　题 390

题 391　　　题 392

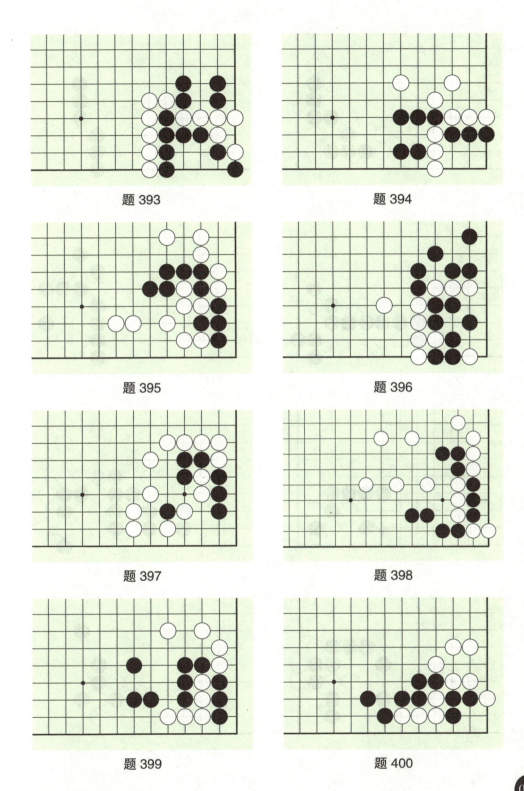

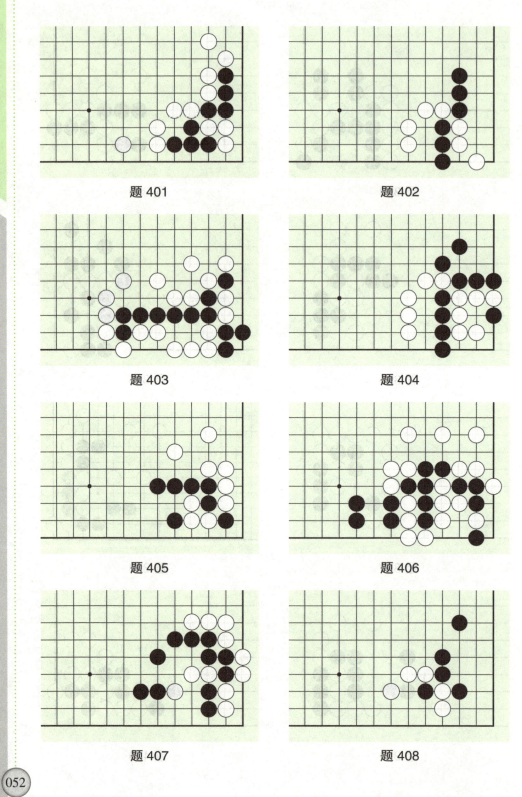

参考答案

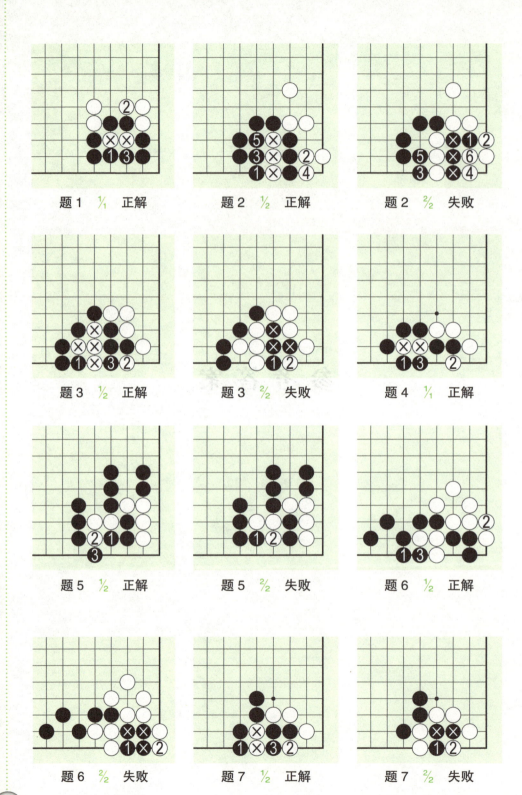

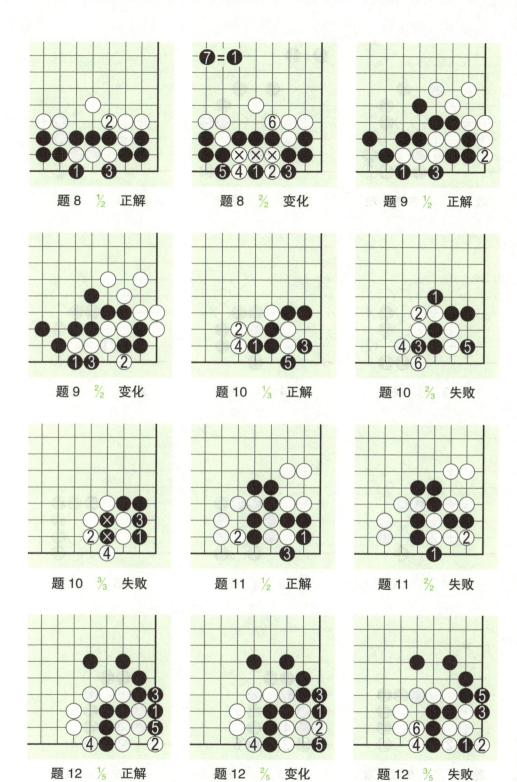

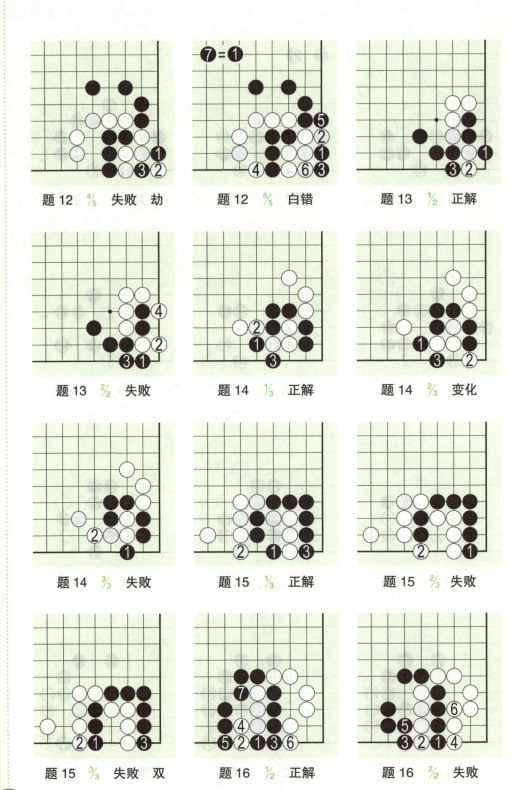

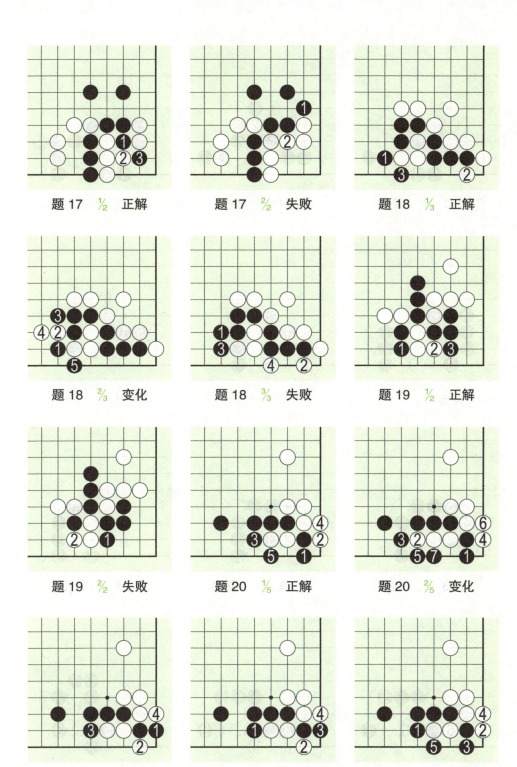

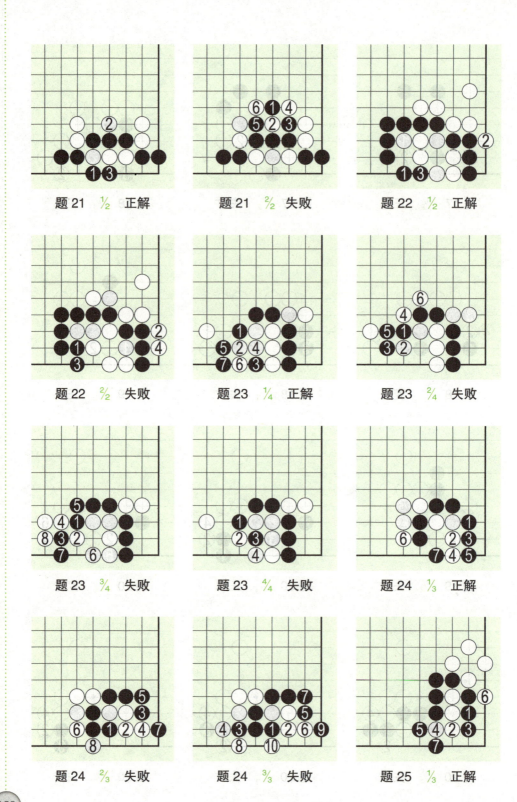

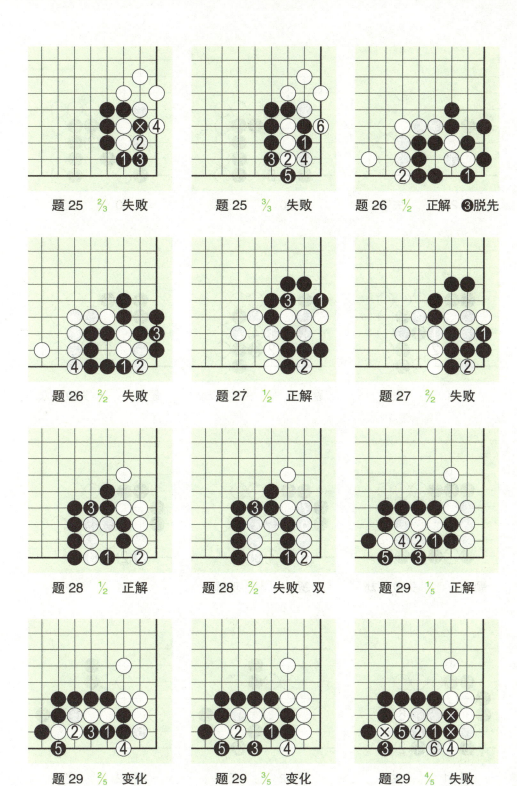

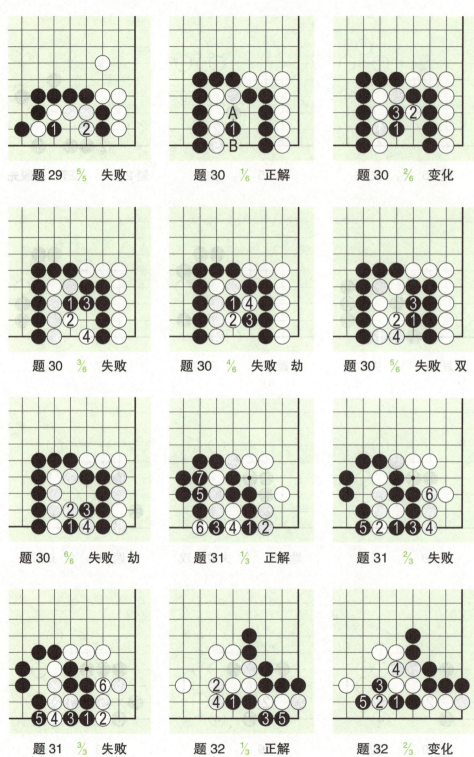

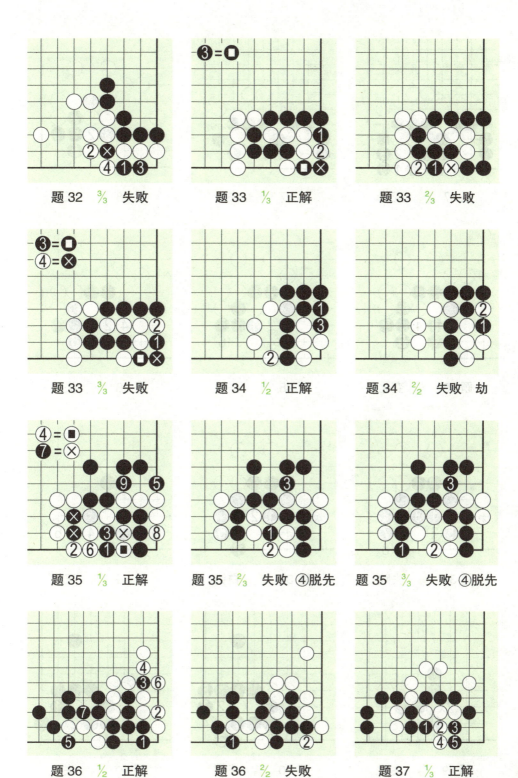

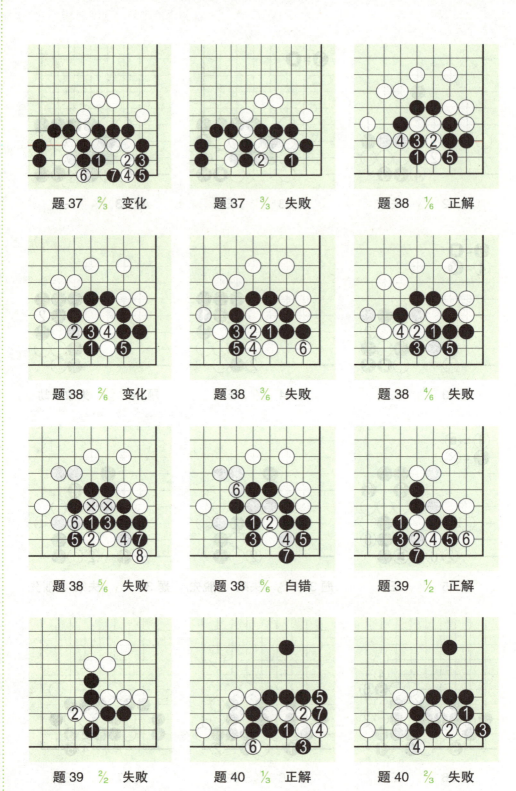

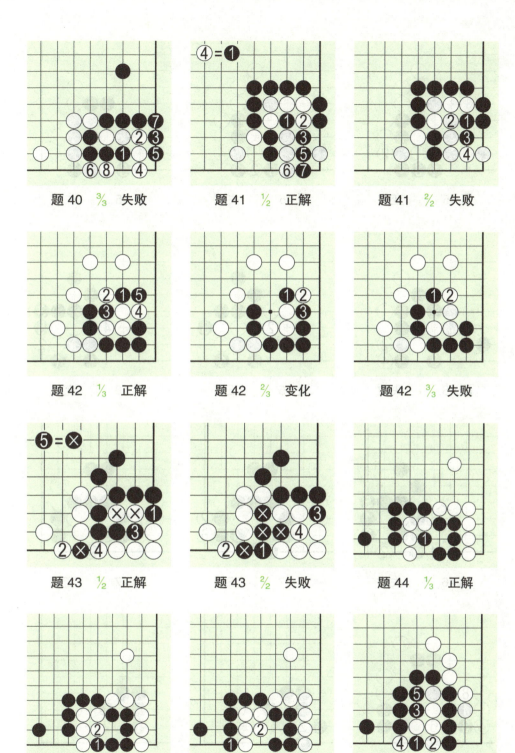

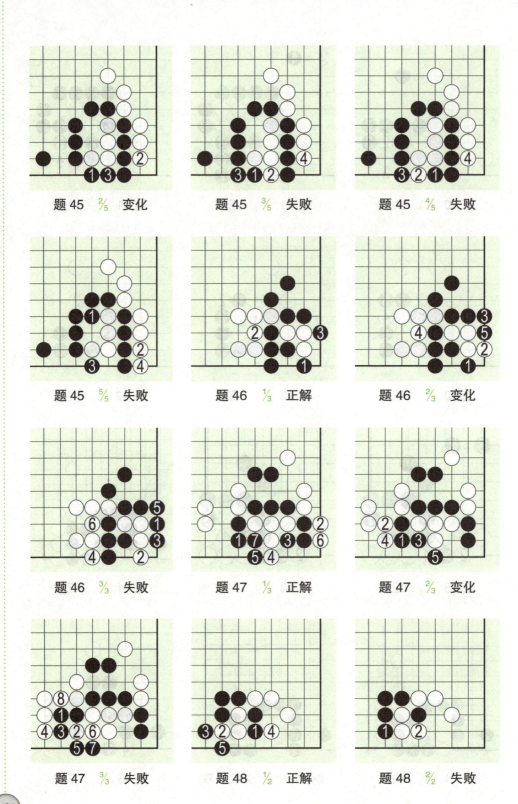

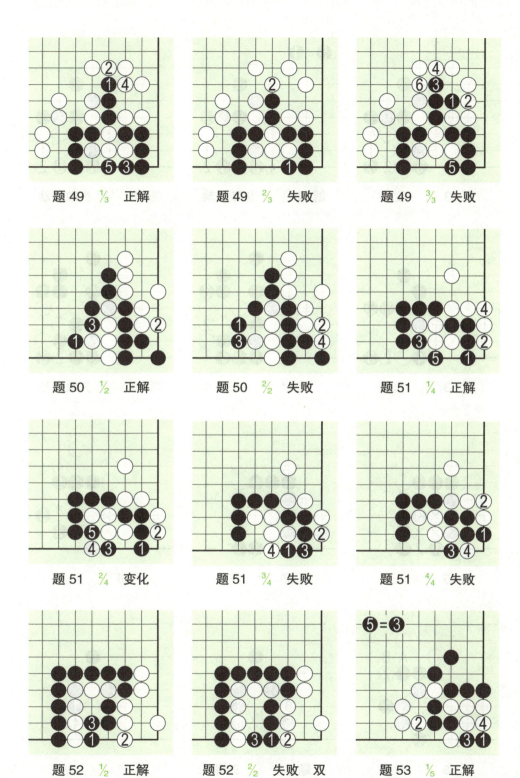

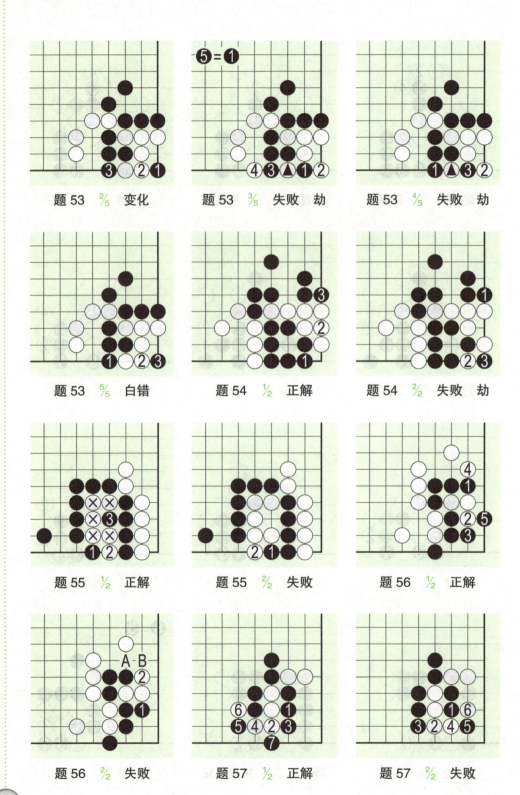

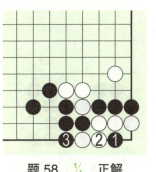

题58 ¼ 正解

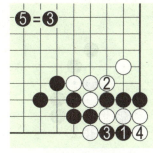

题58 2/4 变化

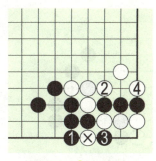

题58 ¾ 失败

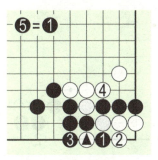

题58 4/4 失败 劫

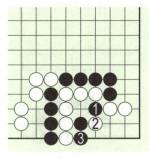

题59 ½ 正解

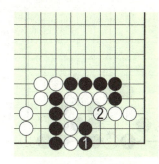

题59 2/2 失败

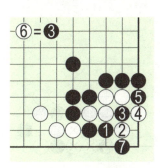

题60 ½ 正解

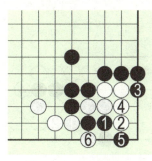

题60 2/2 失败

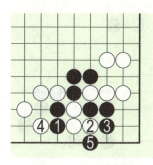

题61 ¼ 正解

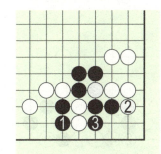

题61 2/4 变化

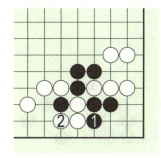

题61 ¾ 失败

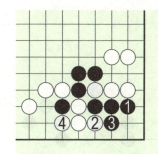

题61 4/4 失败

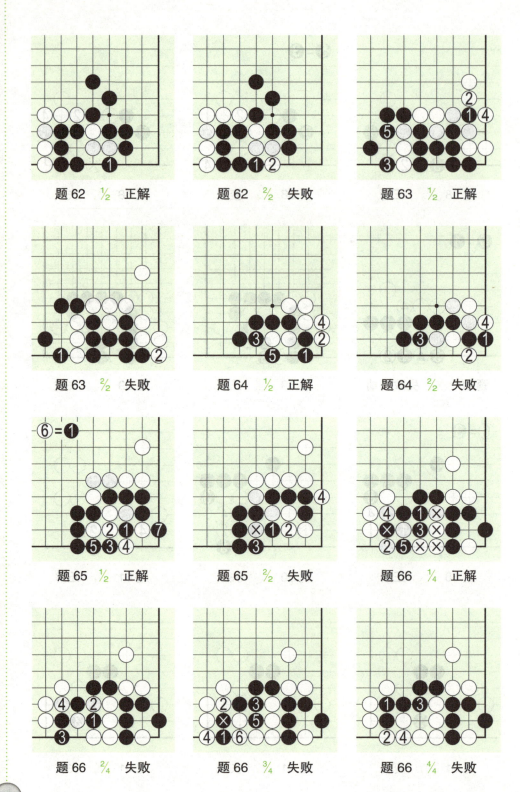

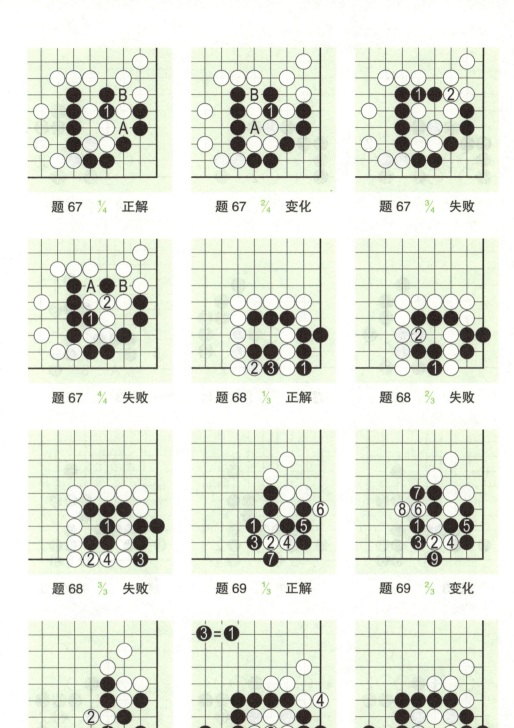

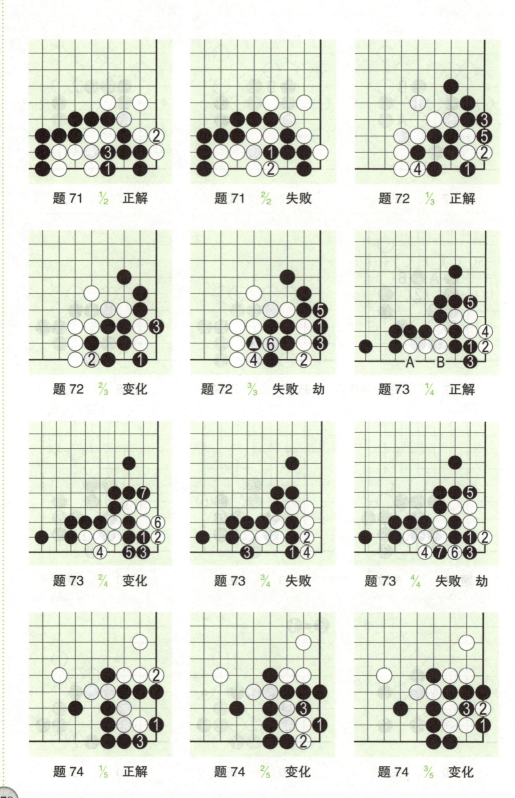

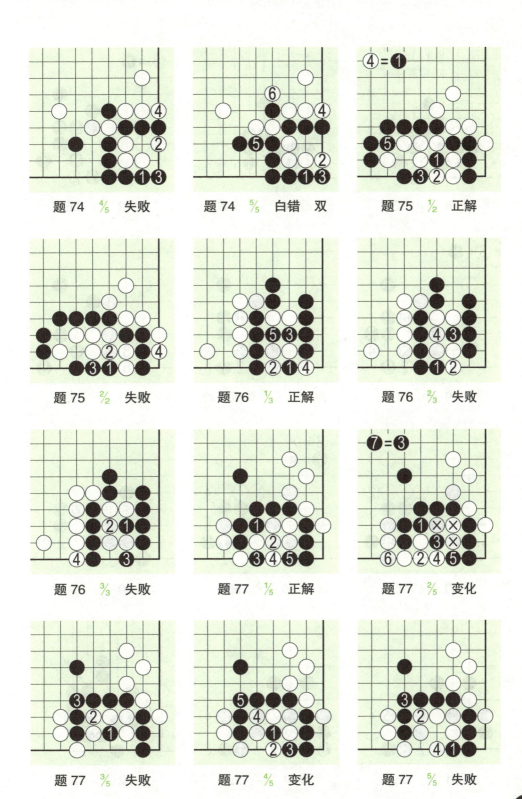

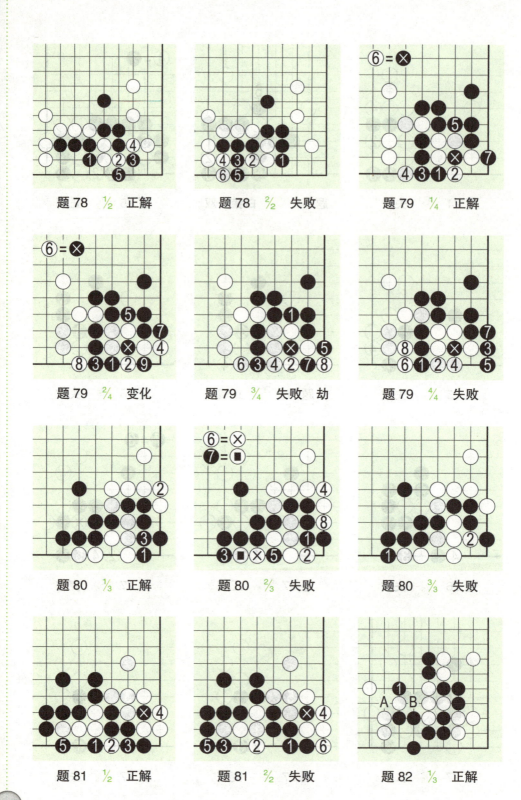

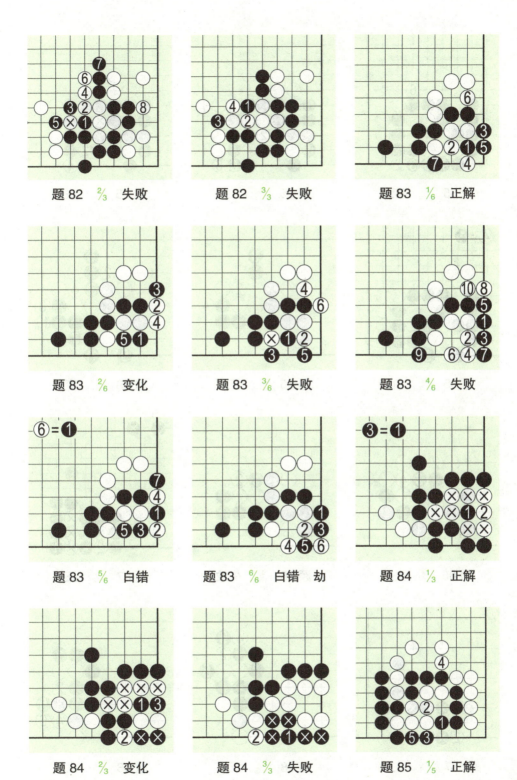

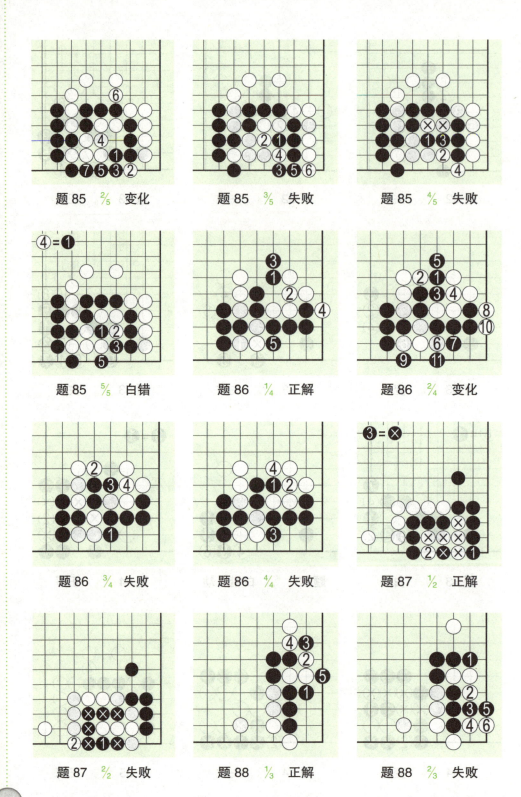

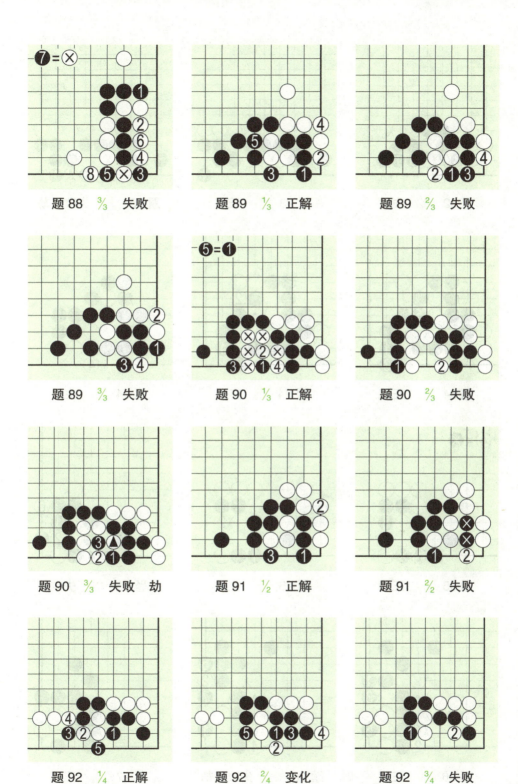

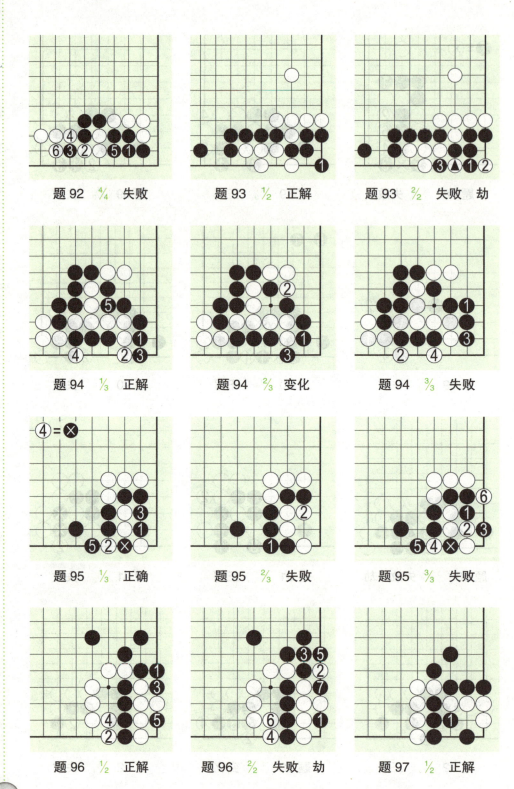

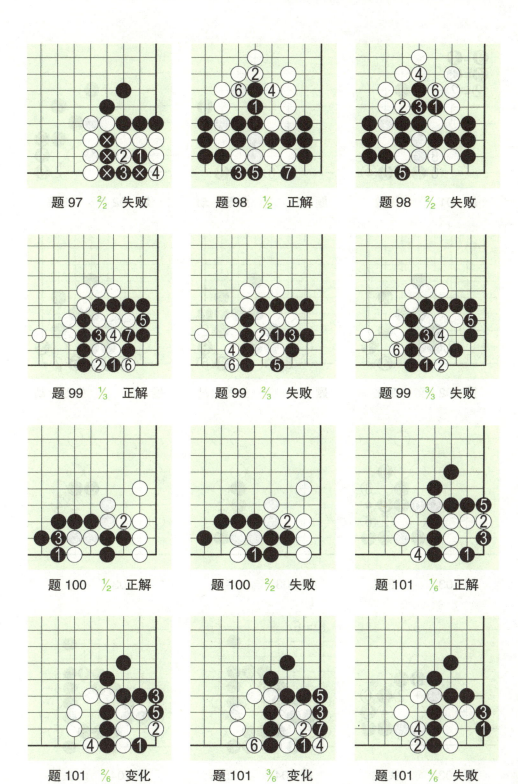

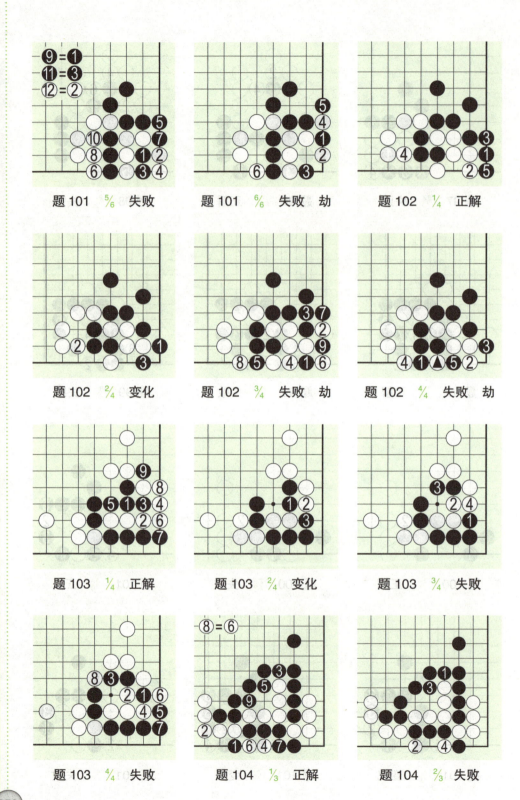

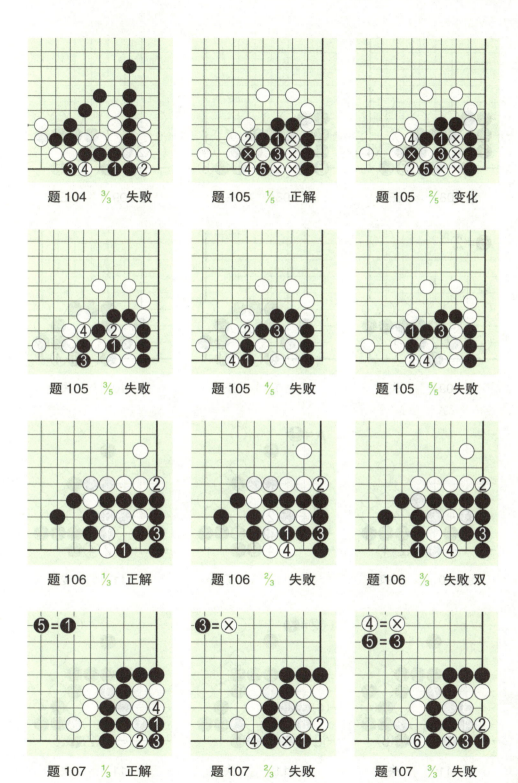

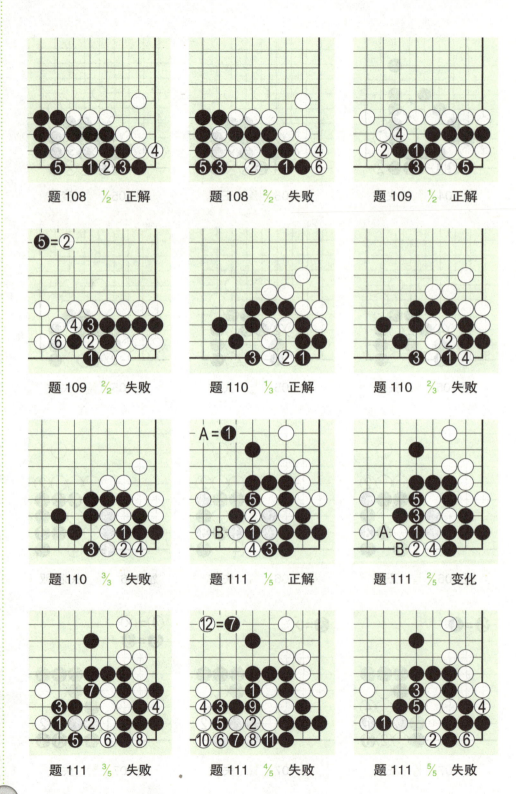

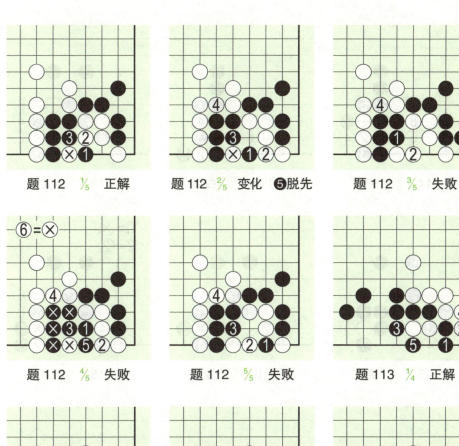

题112 1/5 正解　　题112 2/5 变化 ❺脱先　　题112 3/5 失败

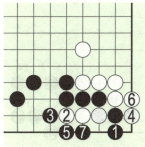

题112 4/5 失败

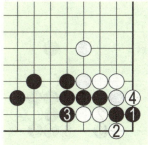

题112 5/5 失败

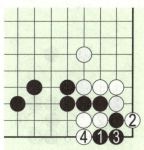

题113 1/4 正解

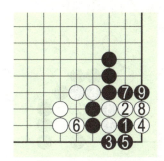

题113 2/4 变化

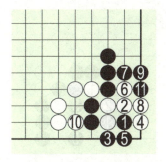

题113 3/4 失败

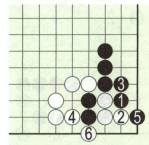

题113 4/4 失败

题114 1/5 正解　　题114 2/5 变化　　题114 3/5 失败

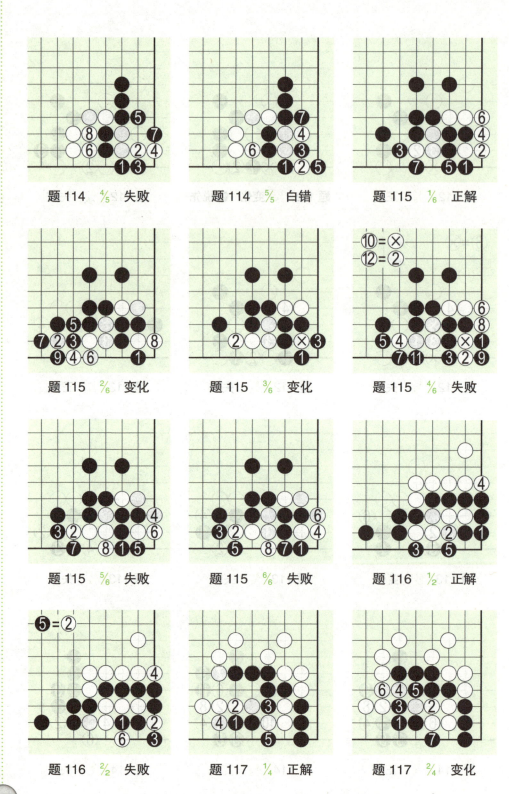

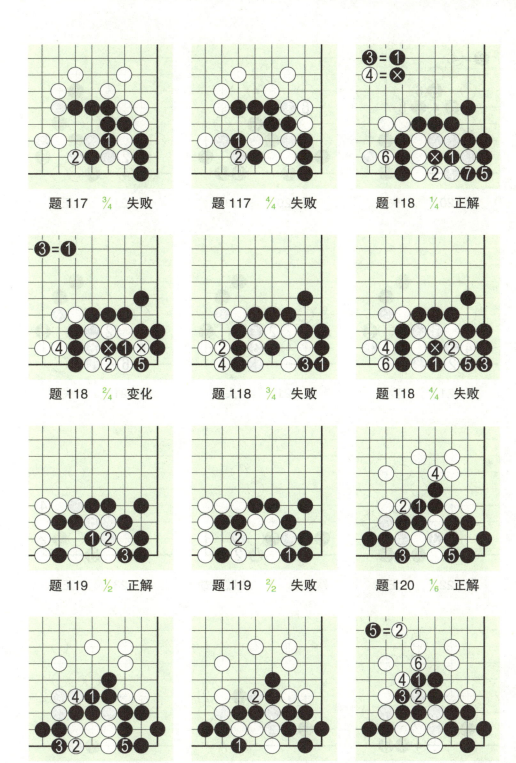

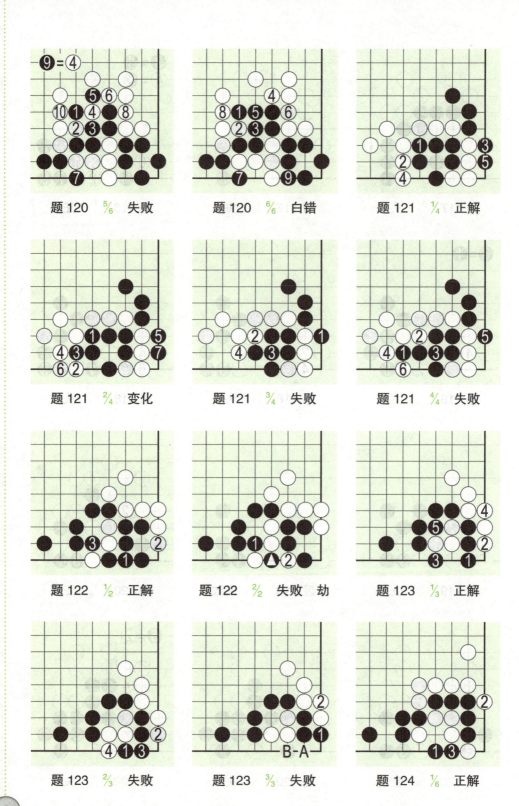

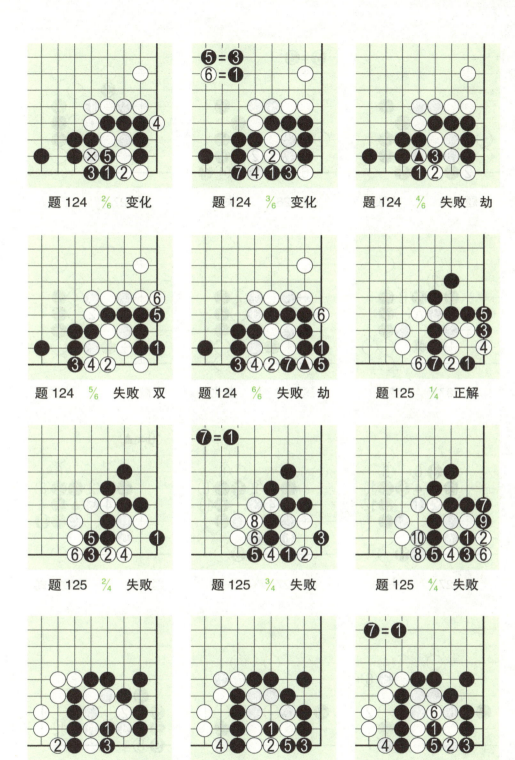

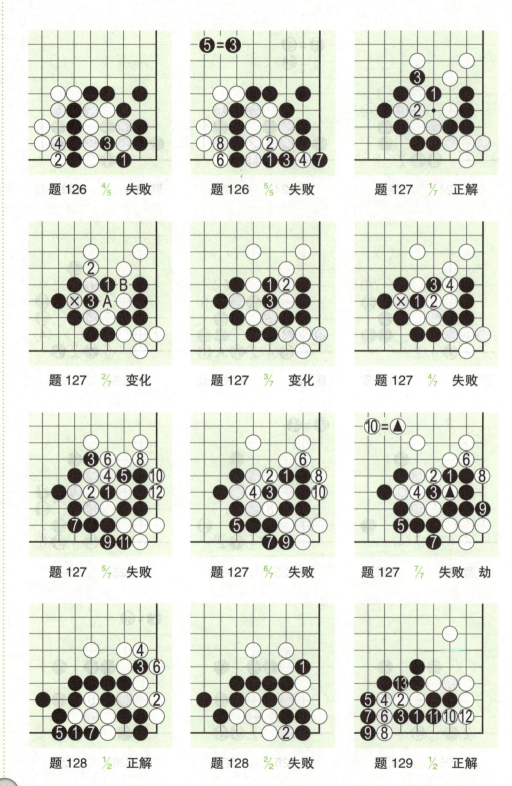

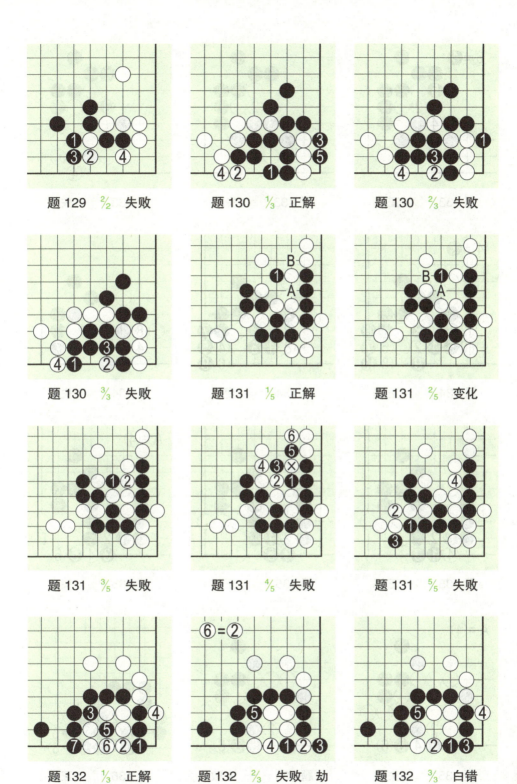

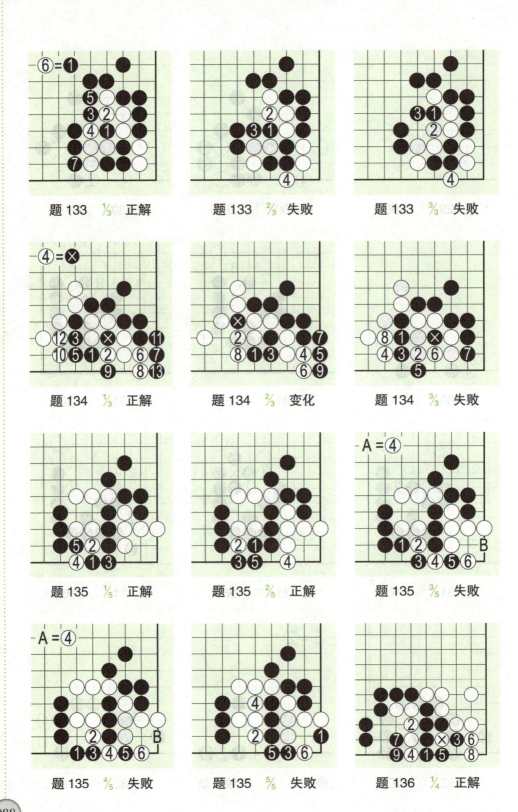

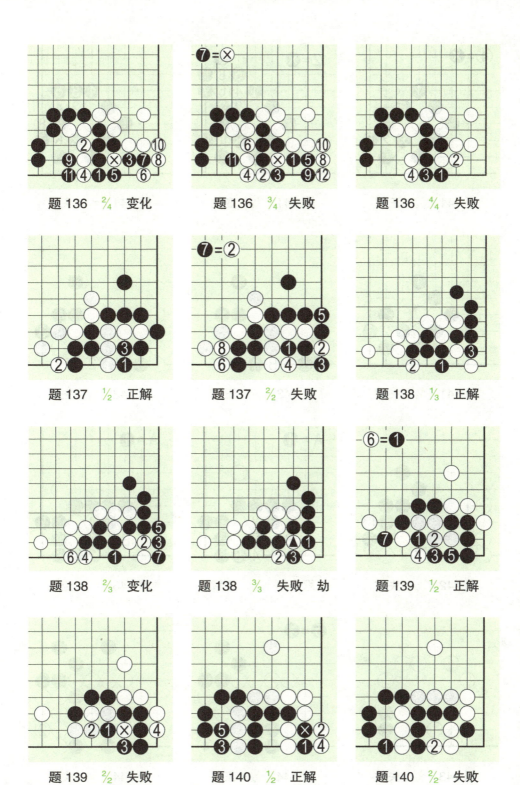

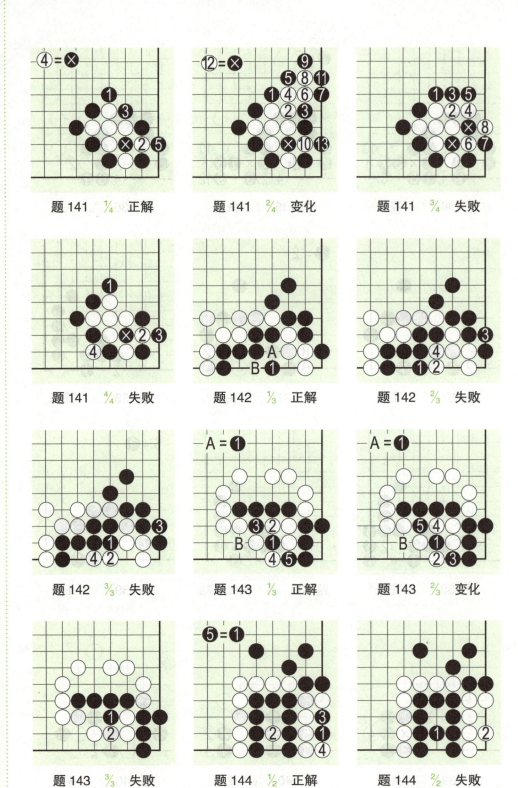

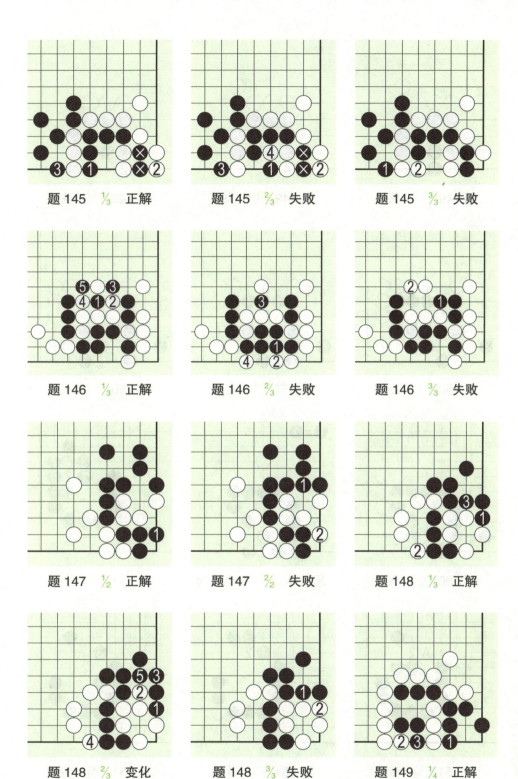

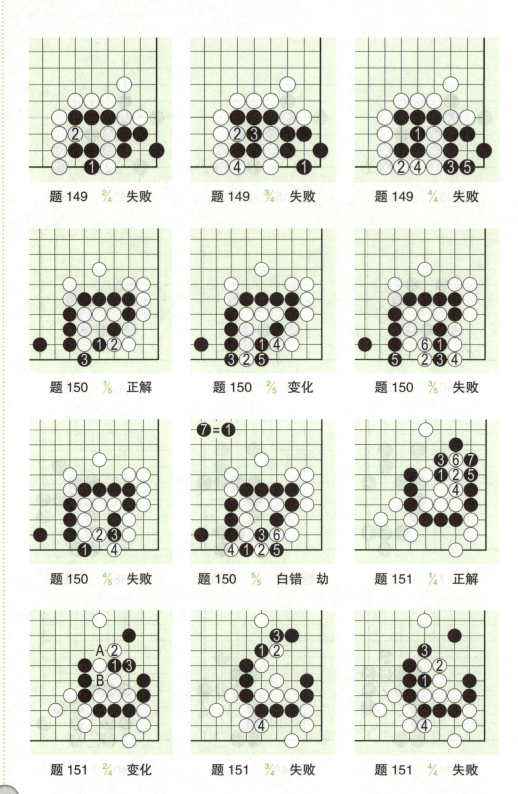

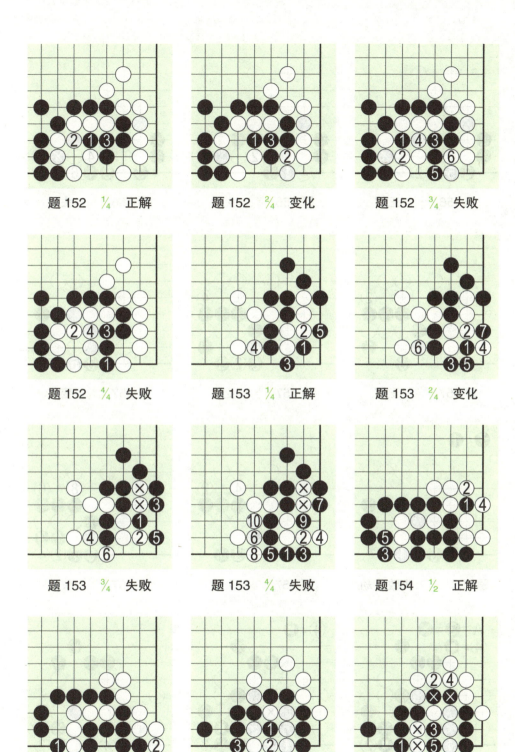

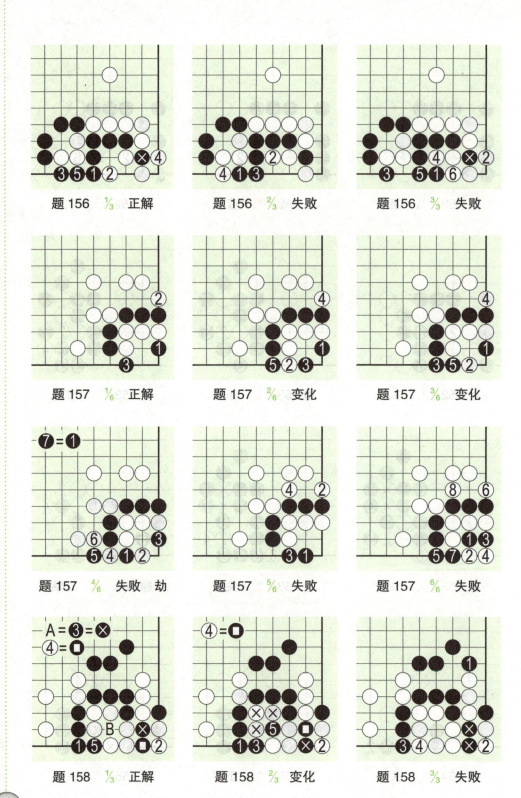

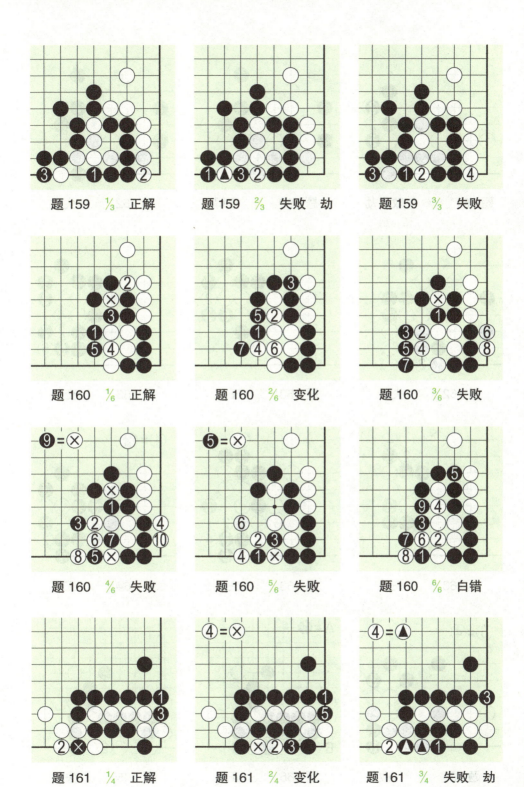

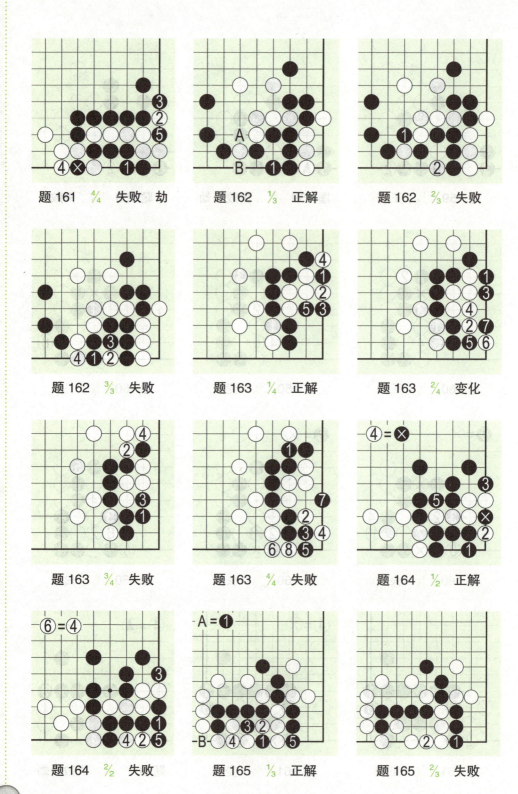

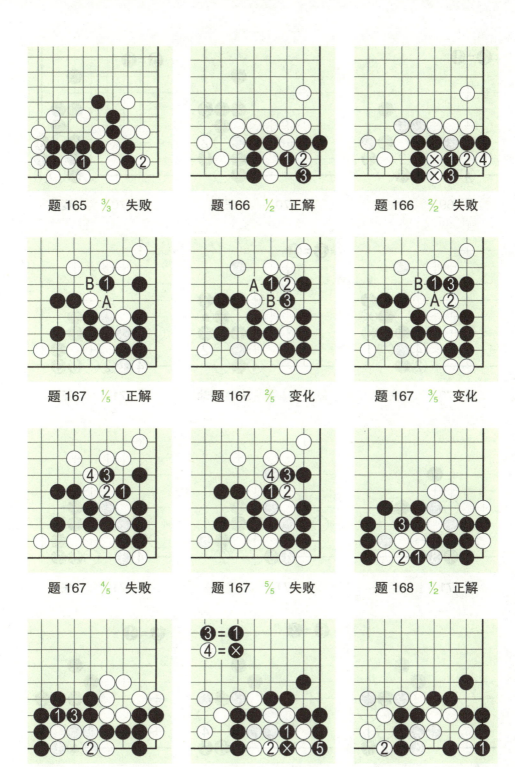

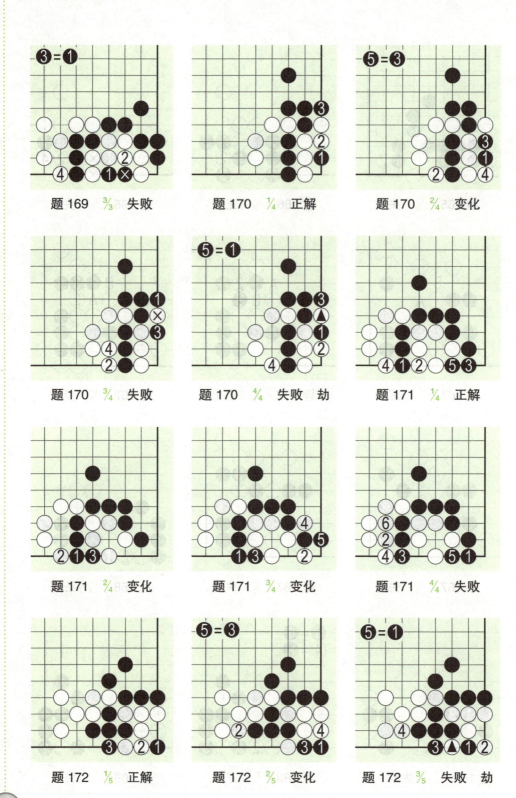

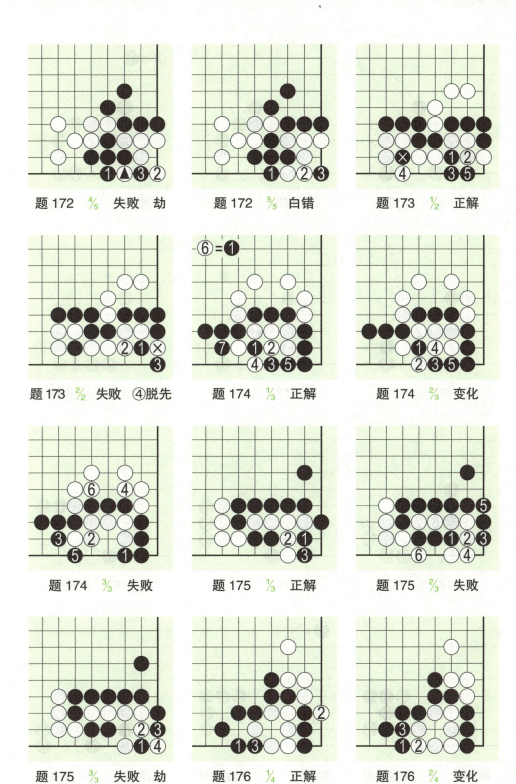

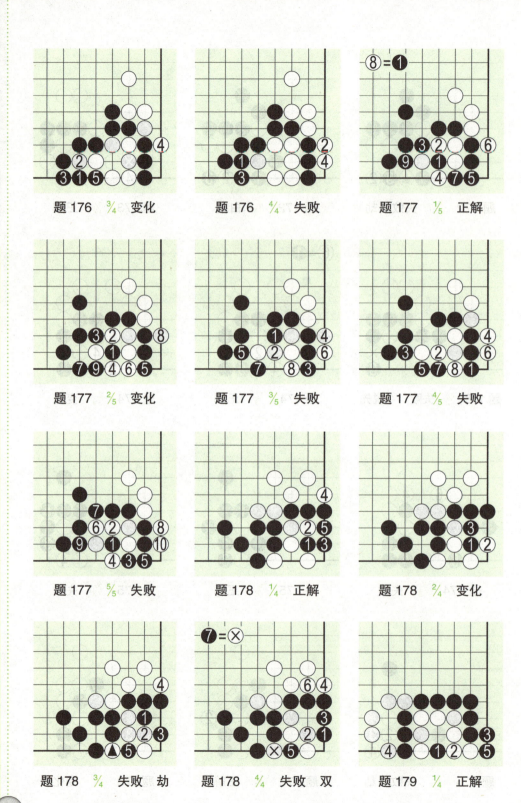

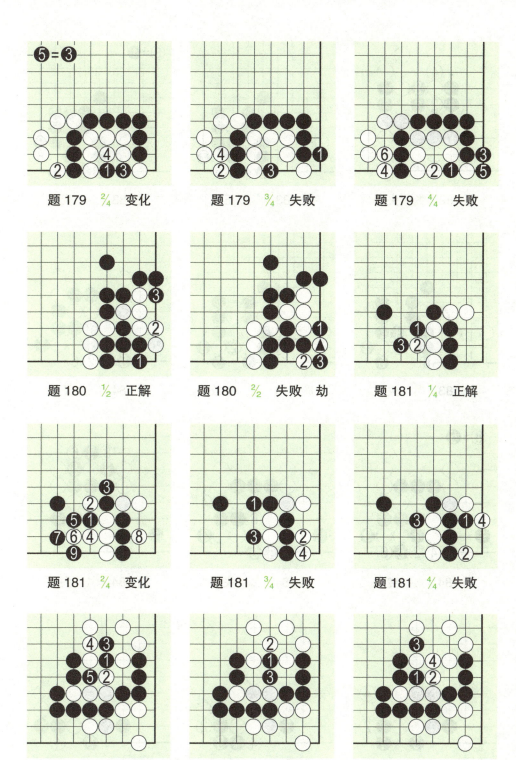

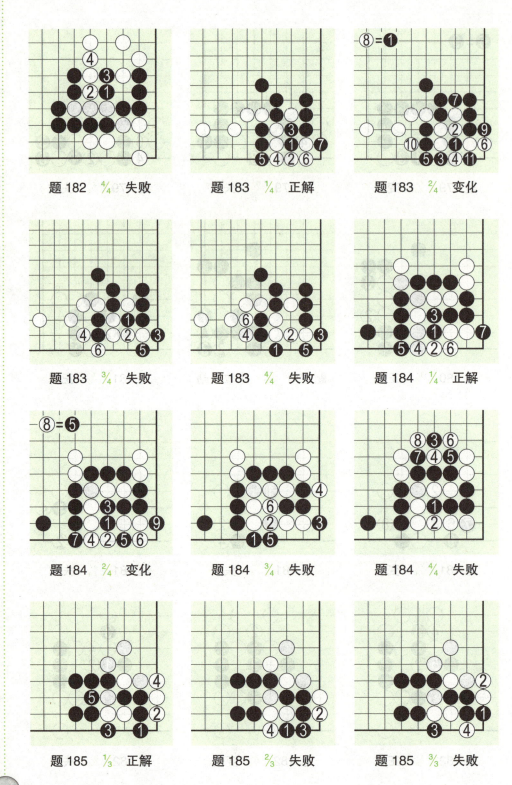

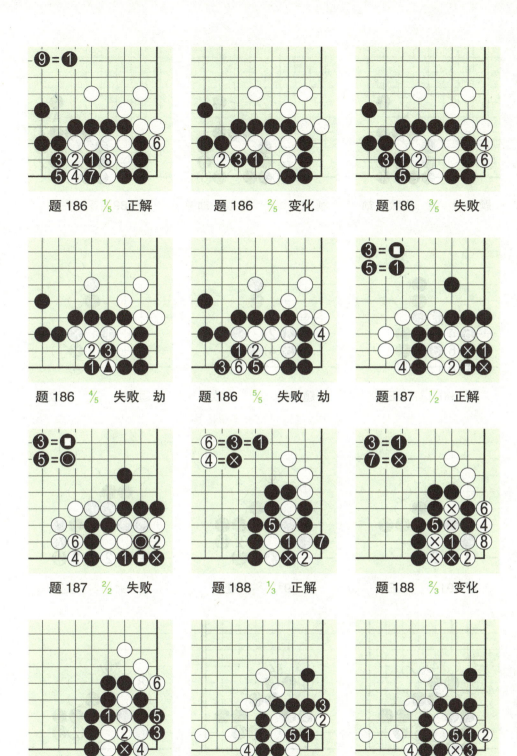

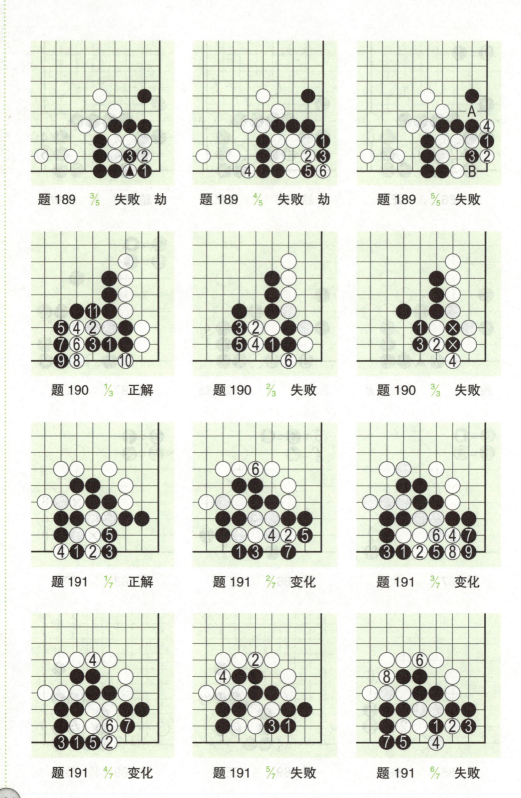

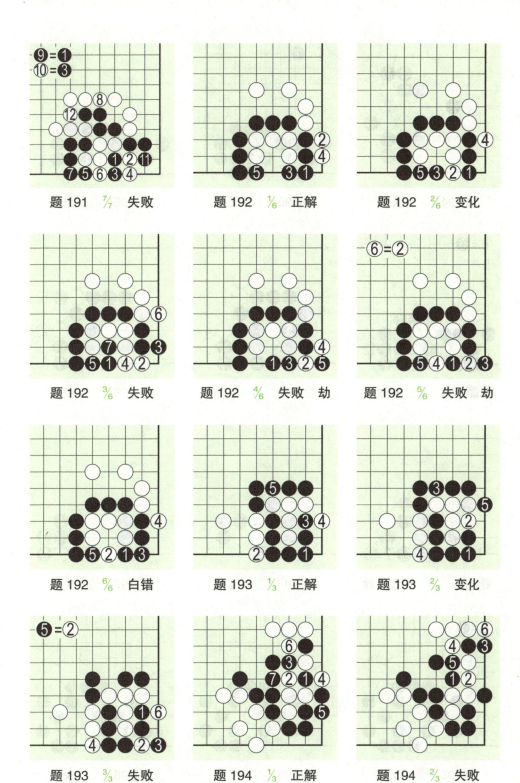

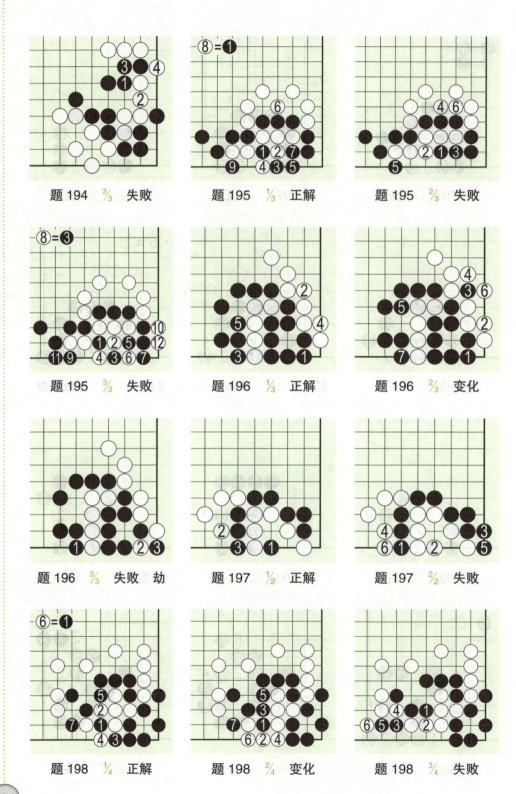

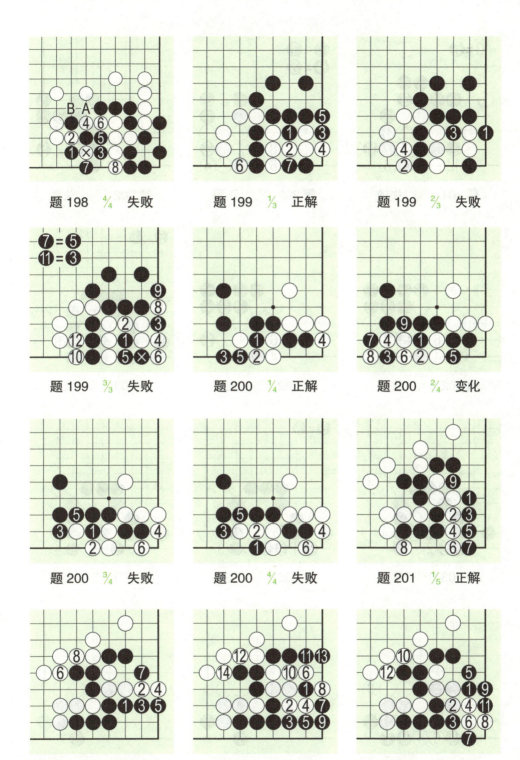

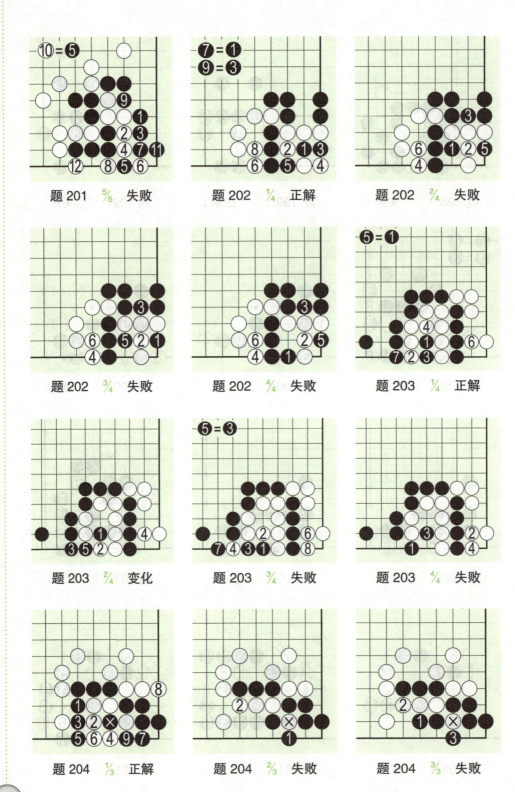

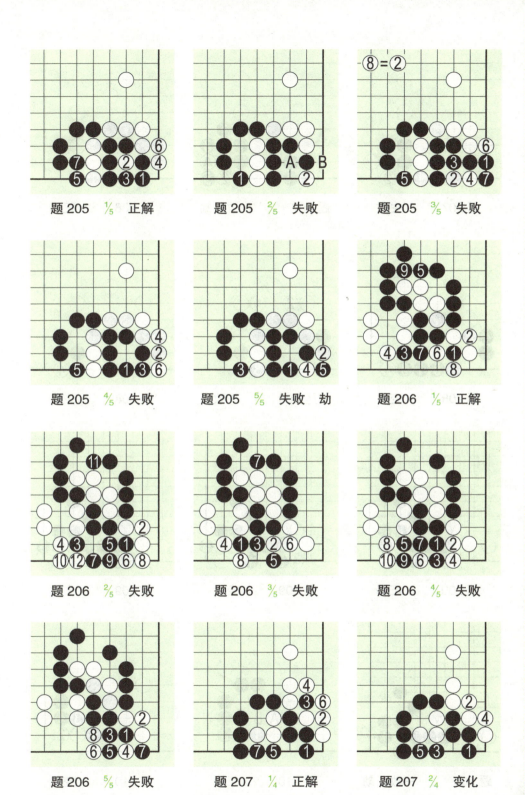

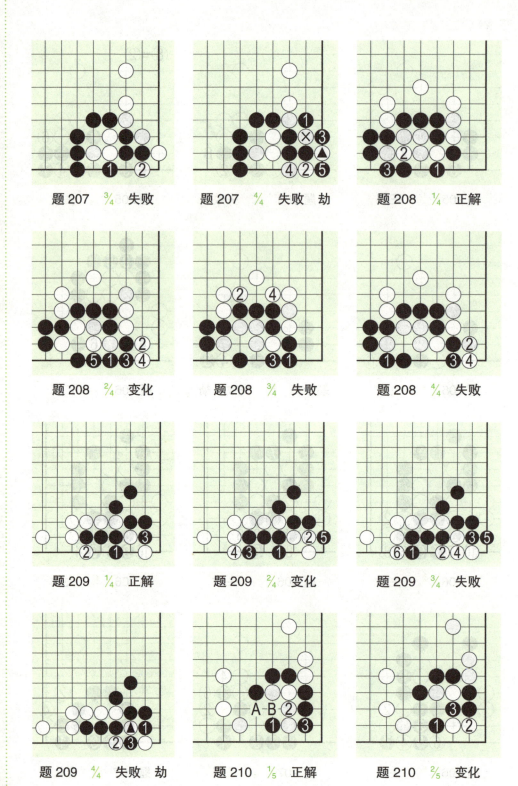

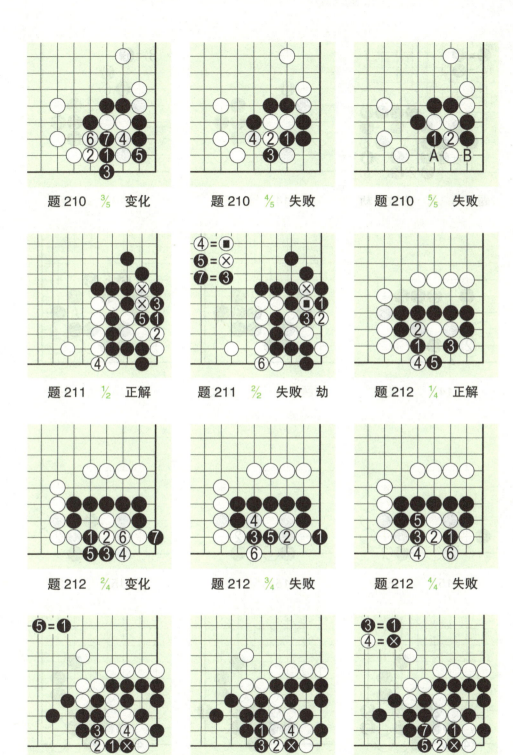

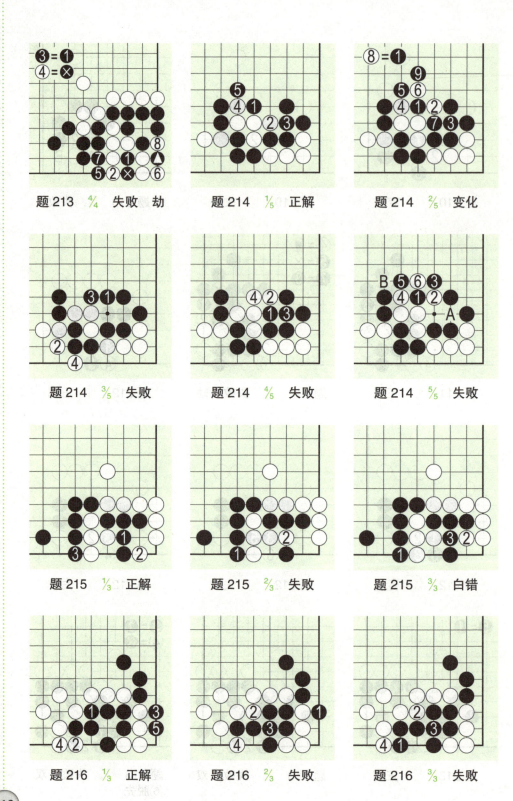

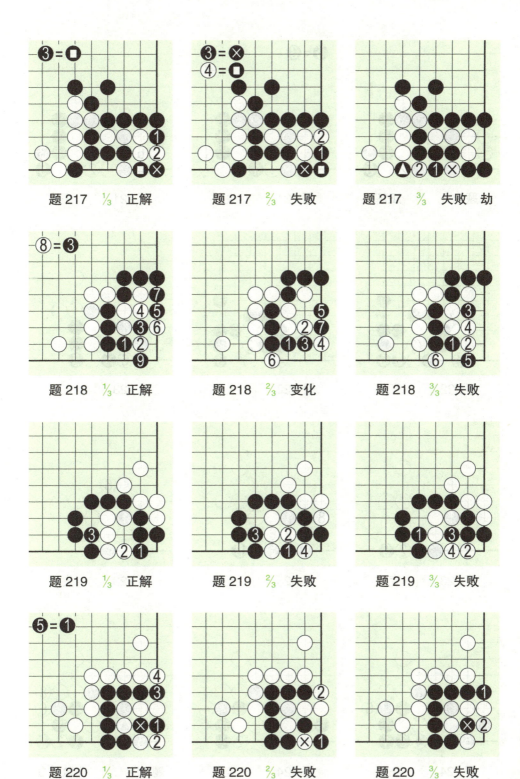

题217 1/3 正解　　题217 2/3 失败　　题217 3/3 失败 劫

题218 1/3 正解　　题218 2/3 变化　　题218 3/3 失败

题219 1/3 正解　　题219 2/3 失败　　题219 3/3 失败

题220 1/3 正解　　题220 2/3 失败　　题220 3/3 失败

113

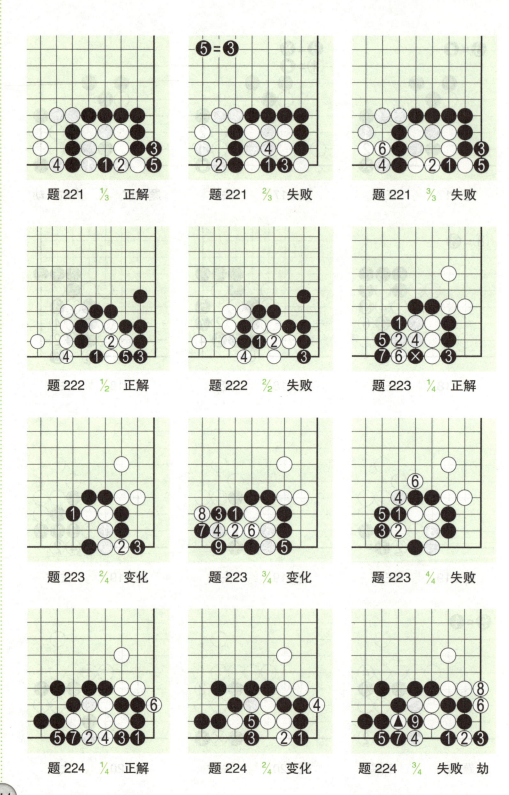

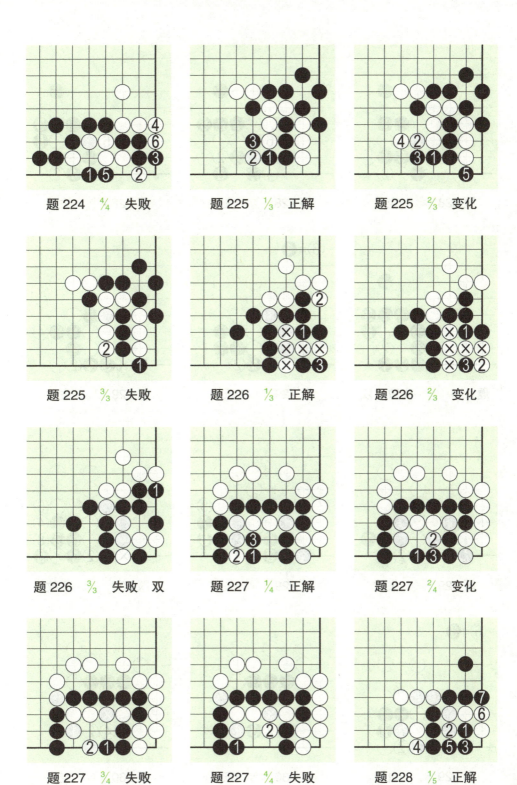

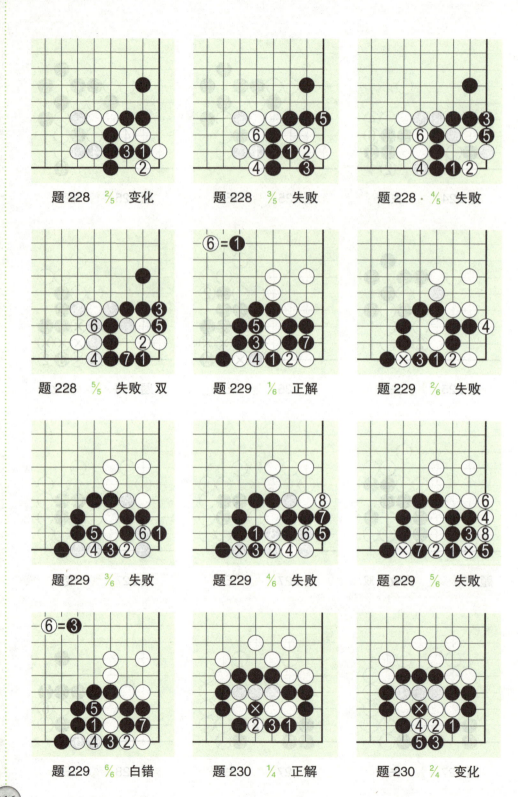

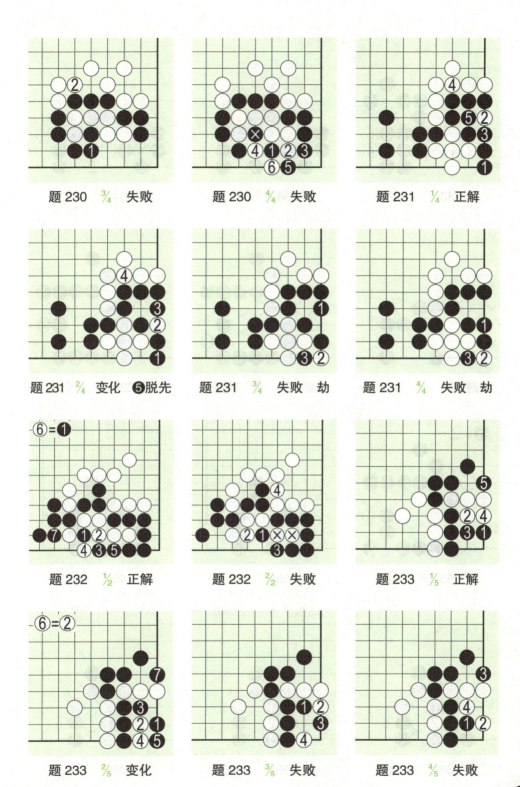

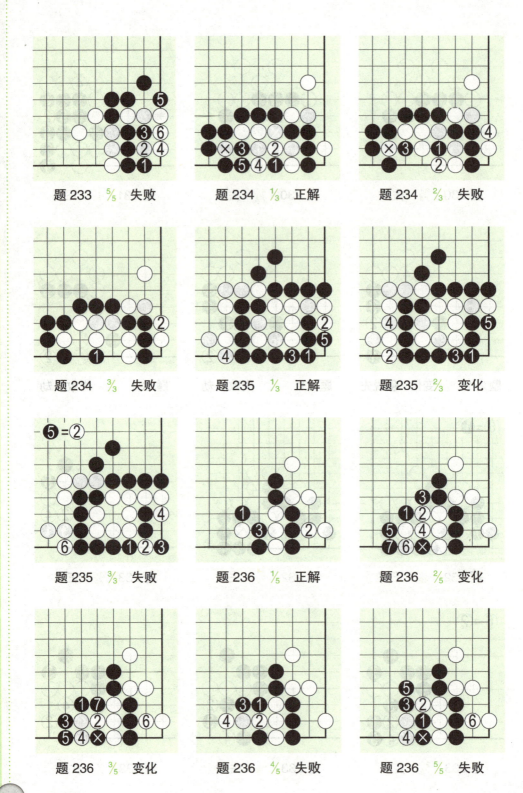

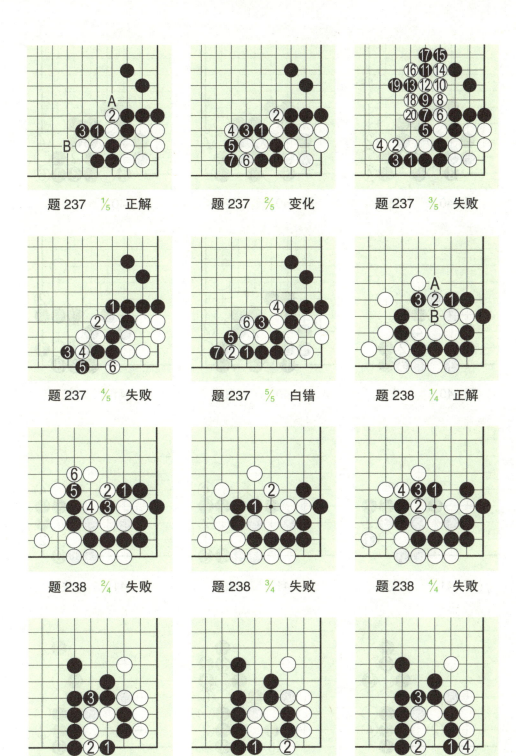

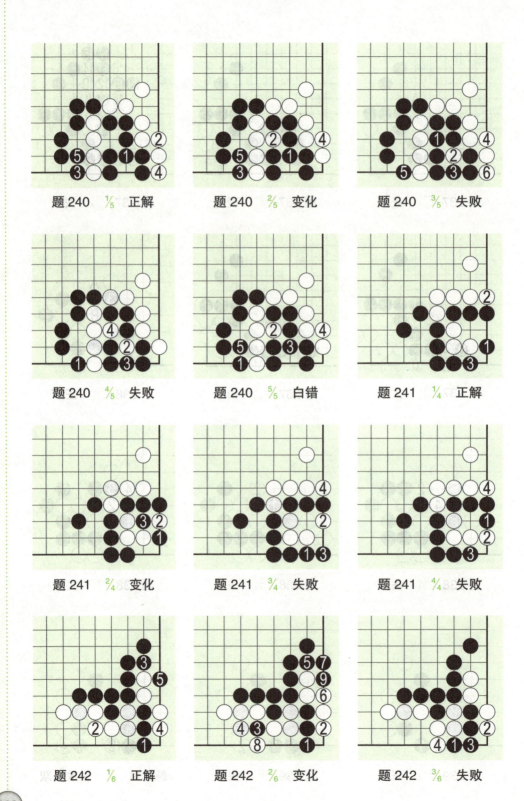

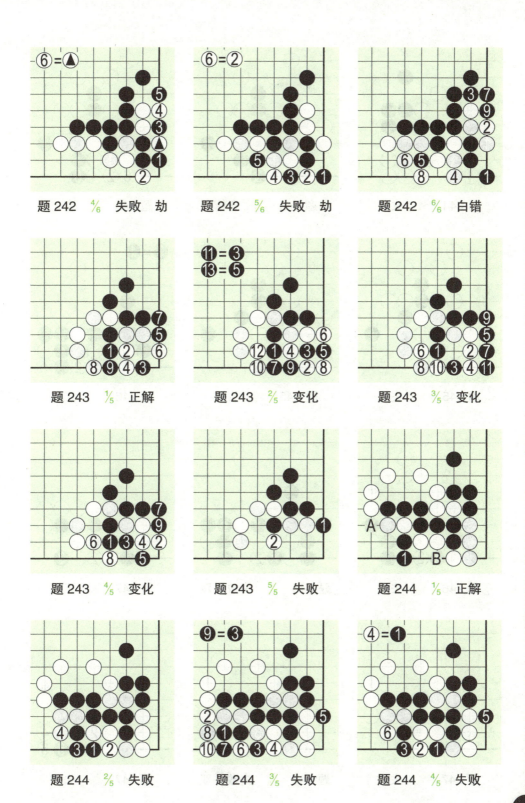

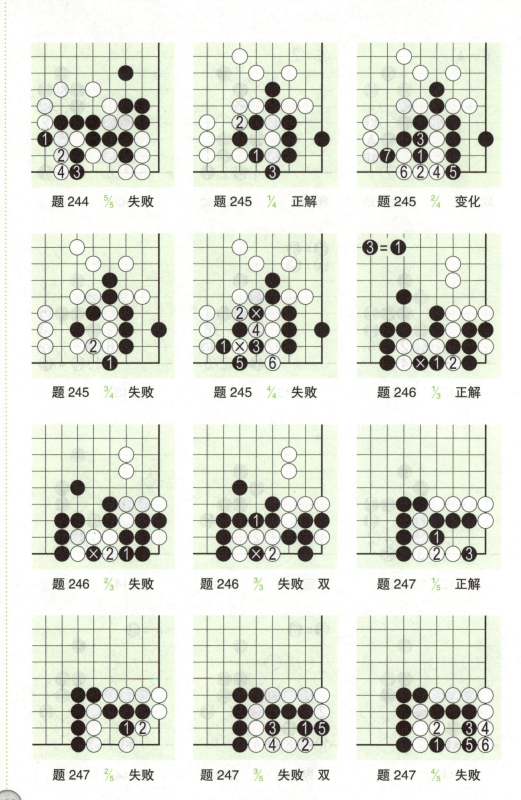

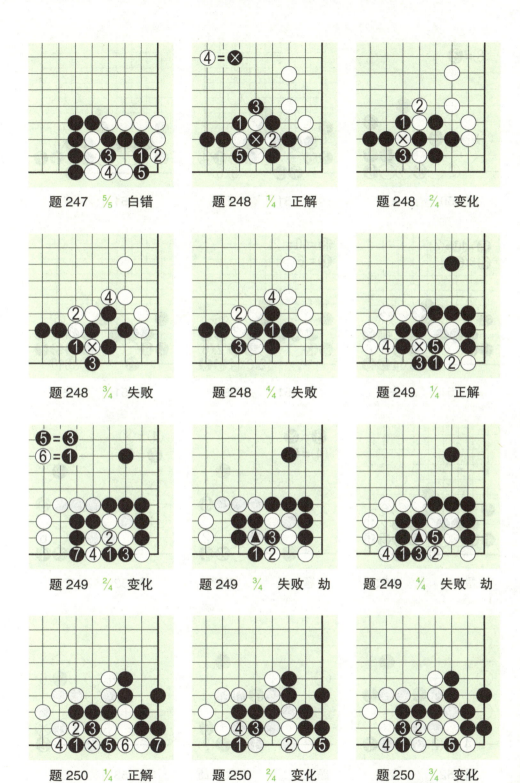

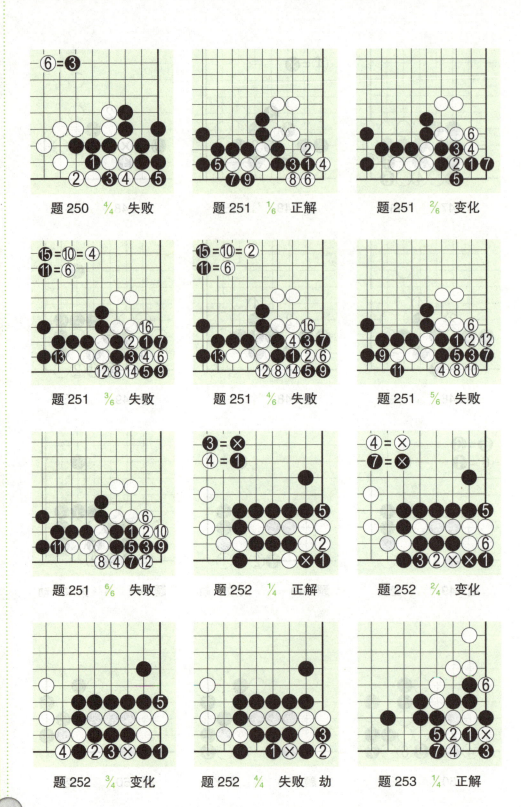

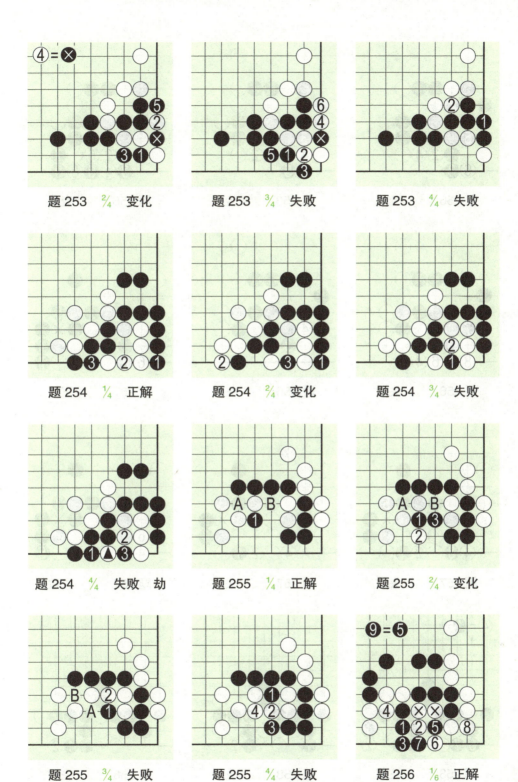

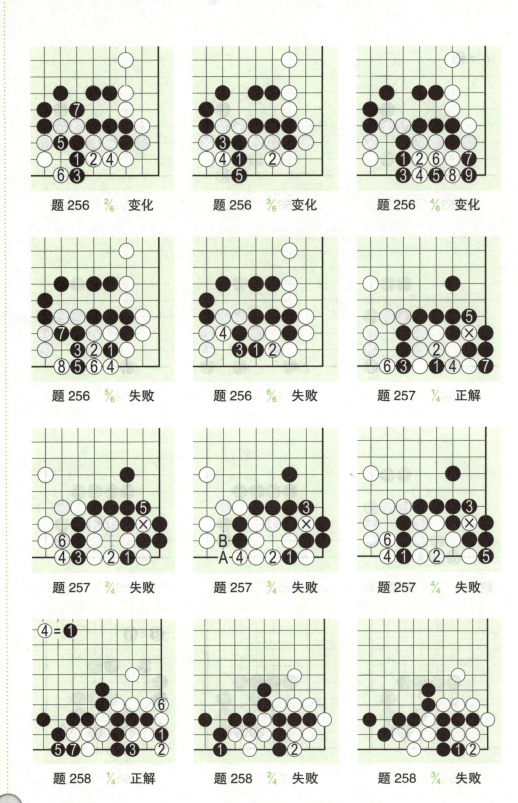

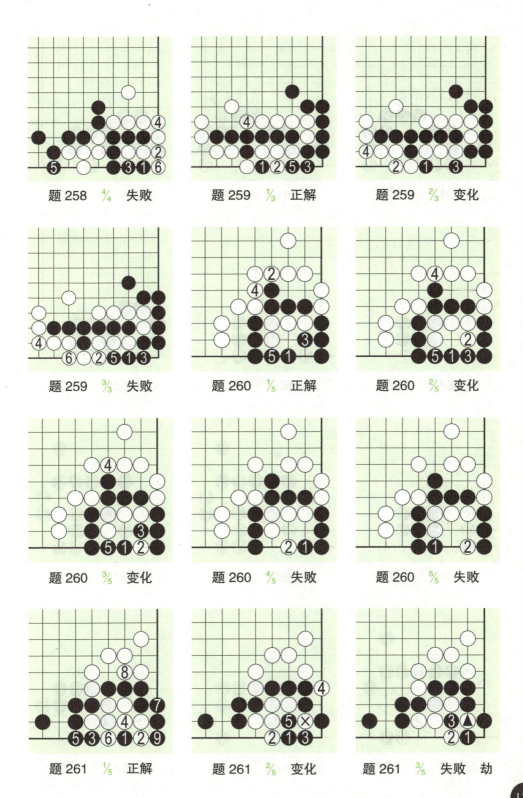

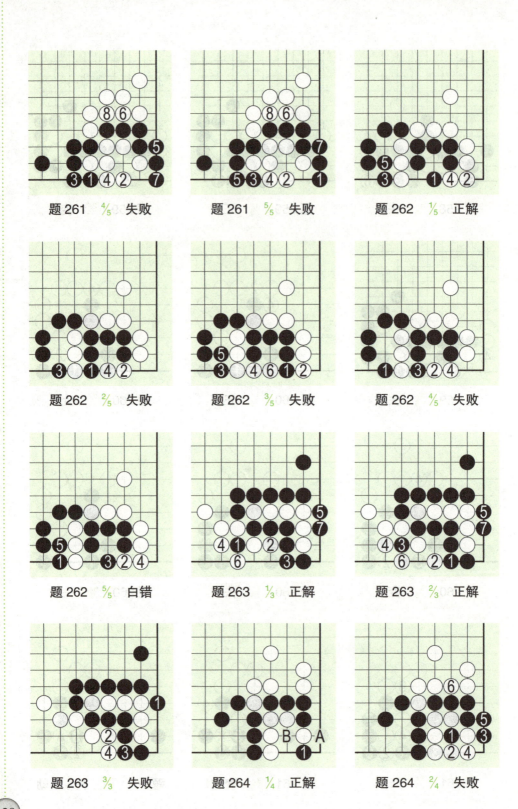

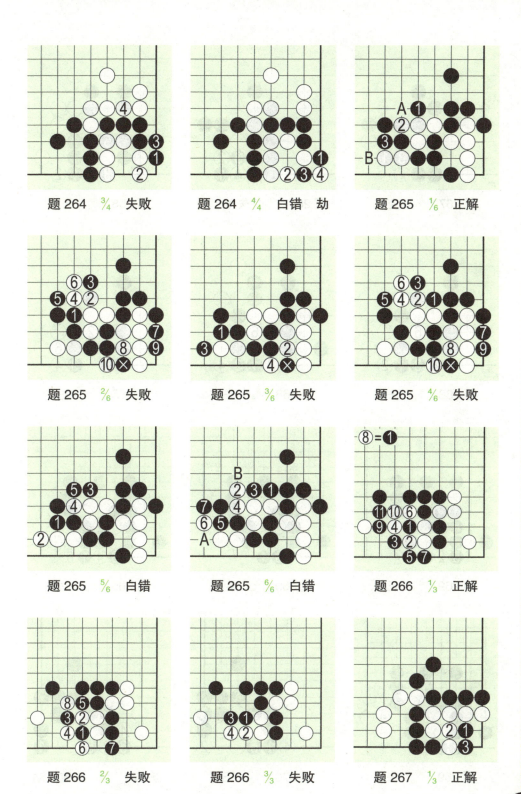

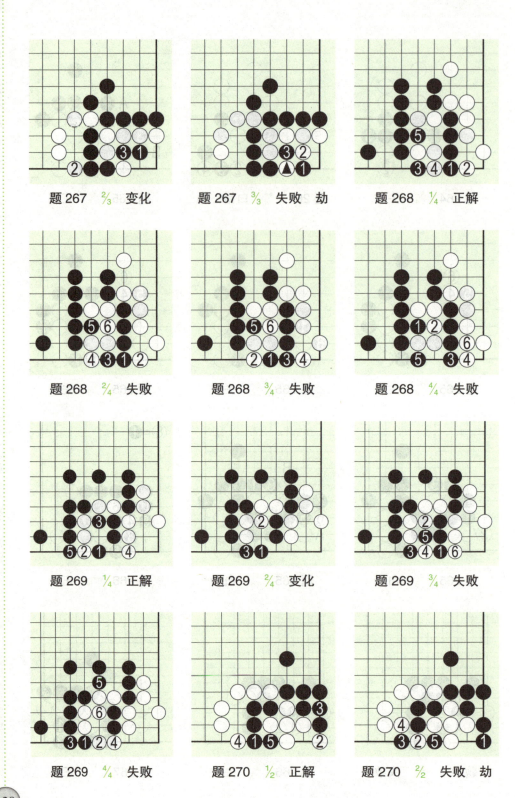

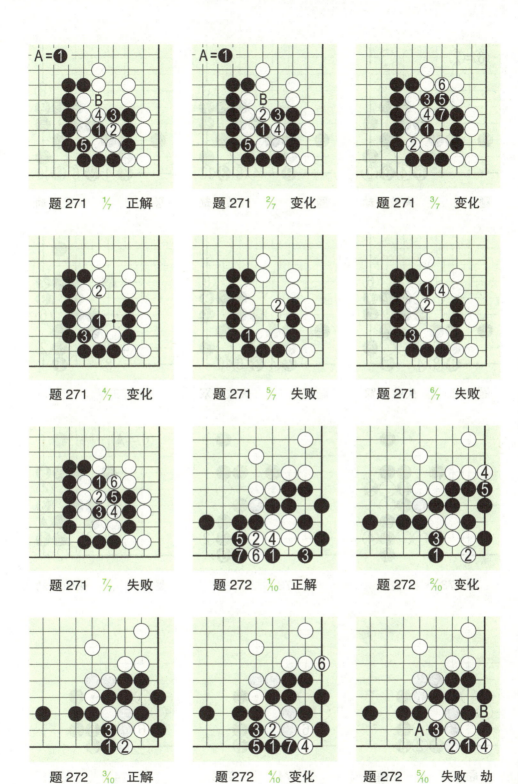

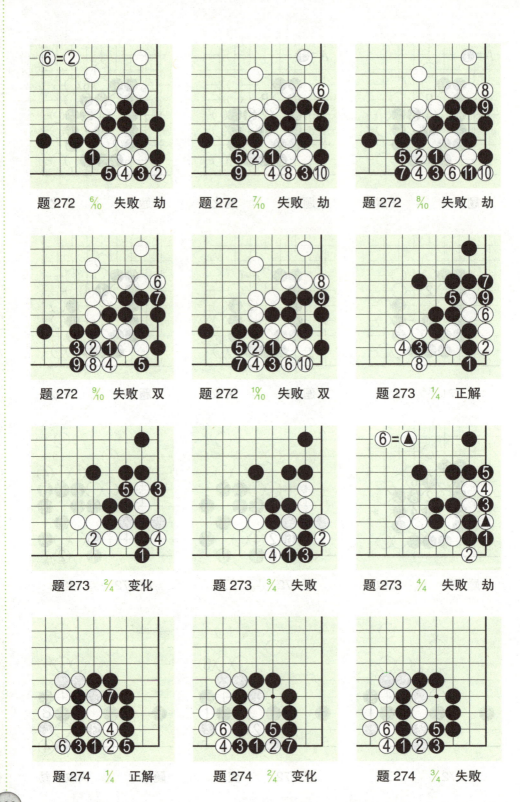

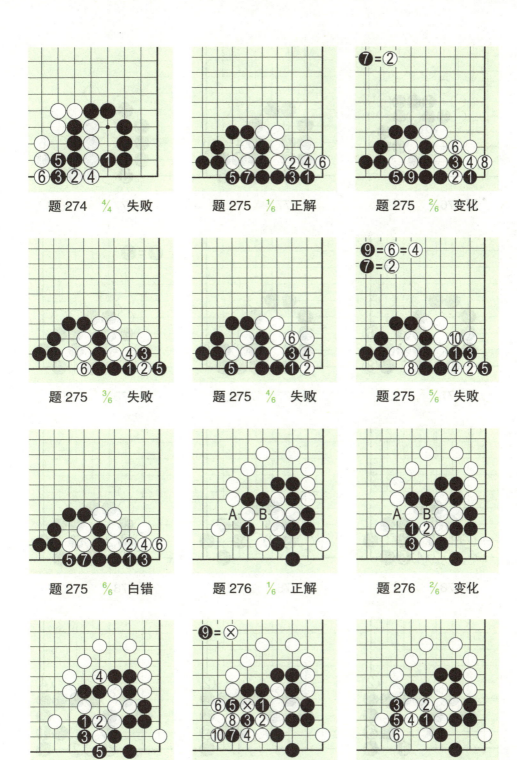

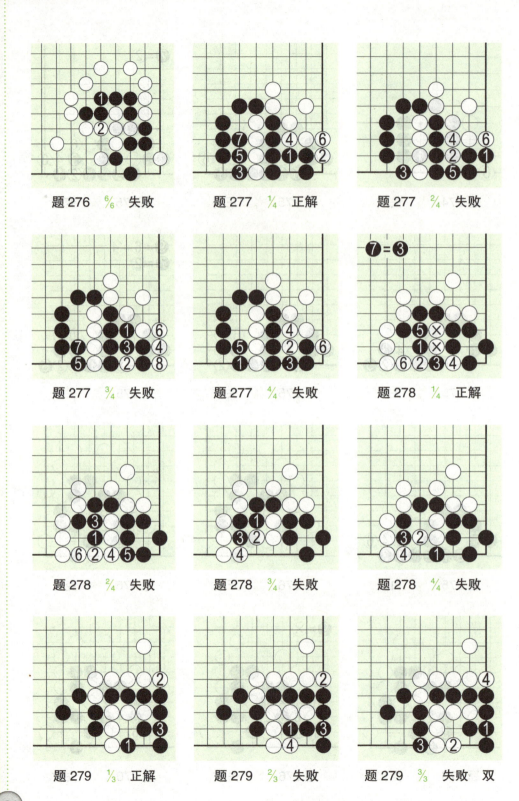

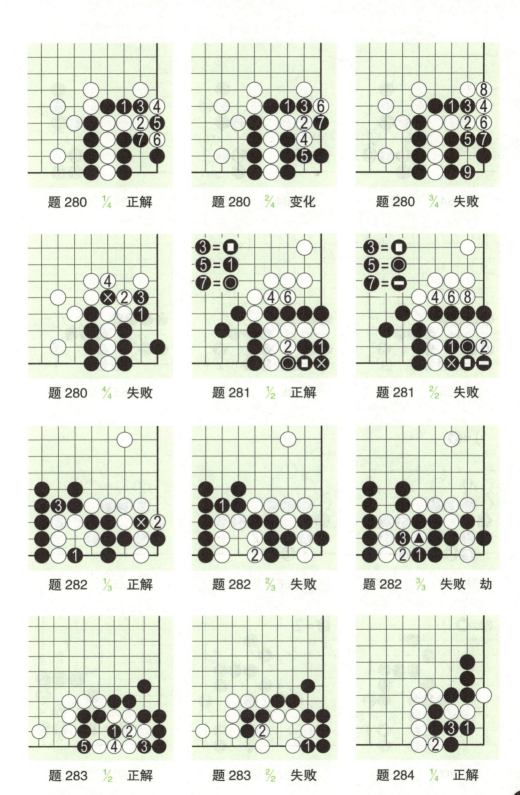

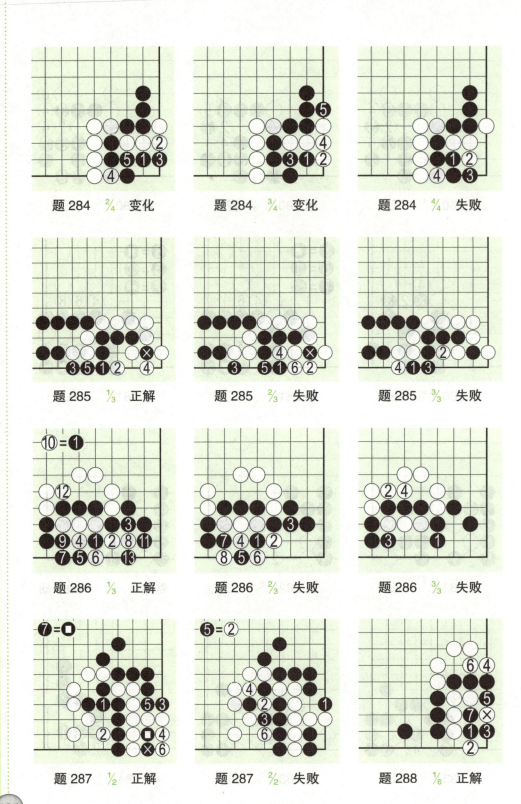

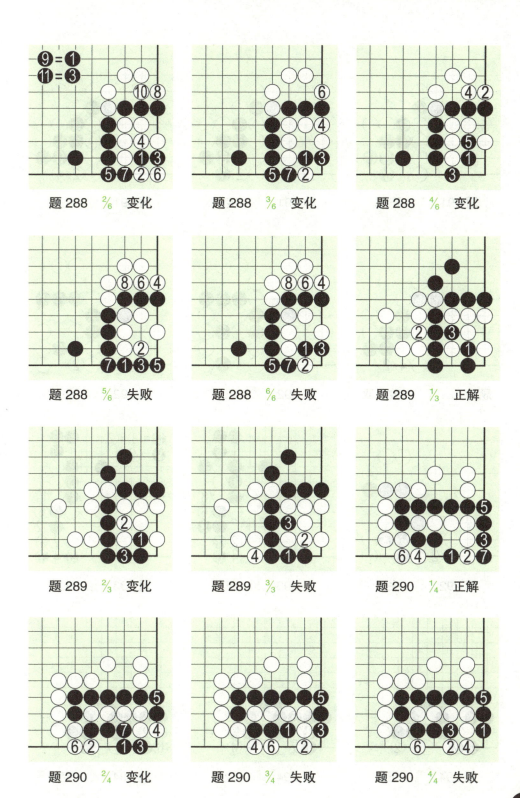

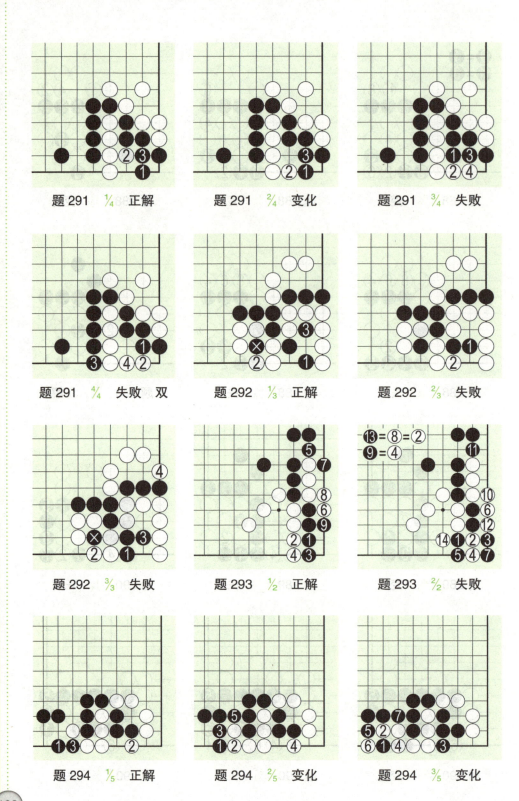

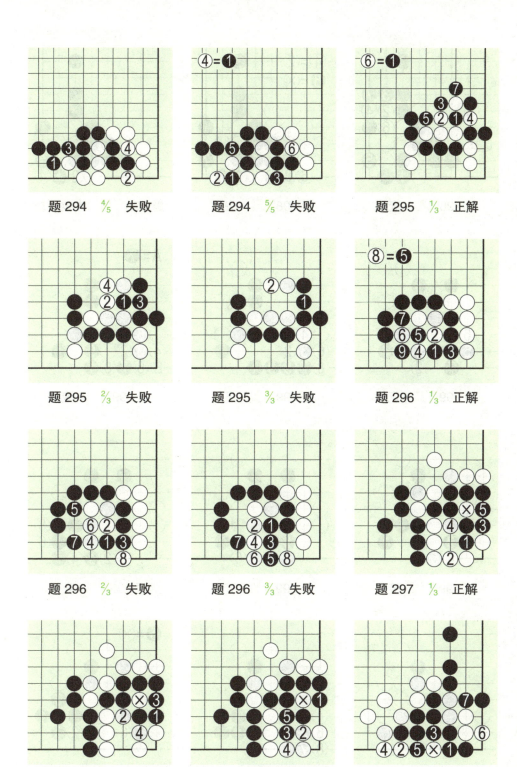

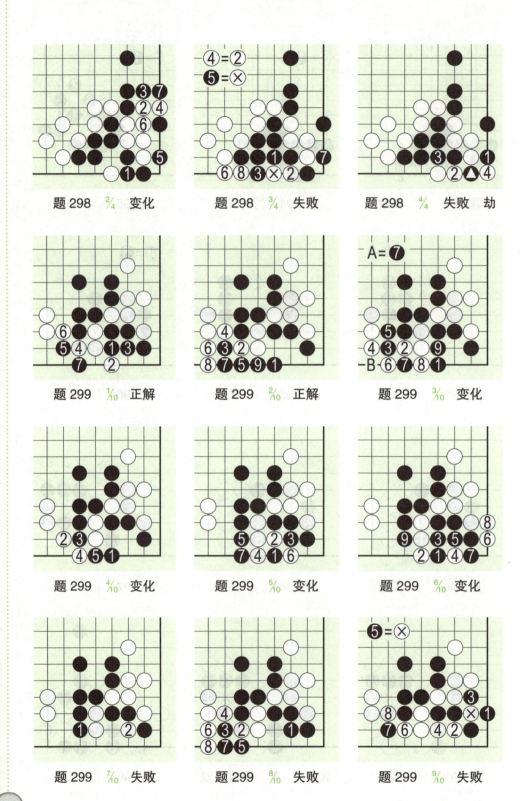

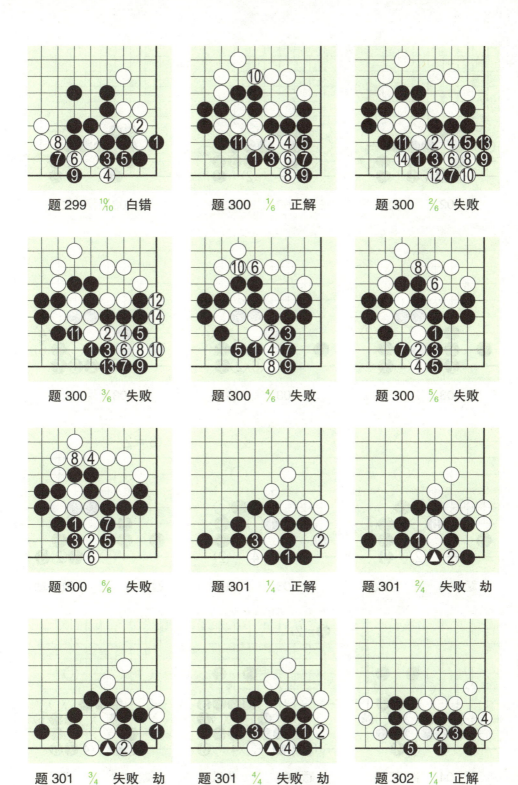

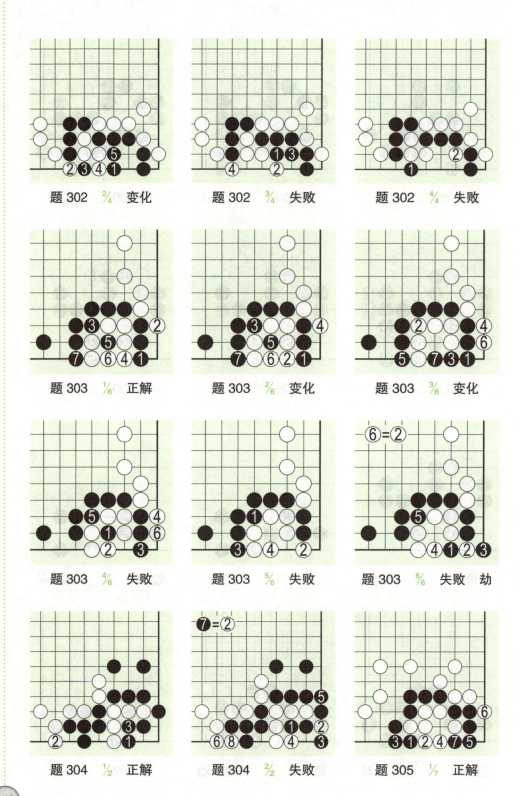

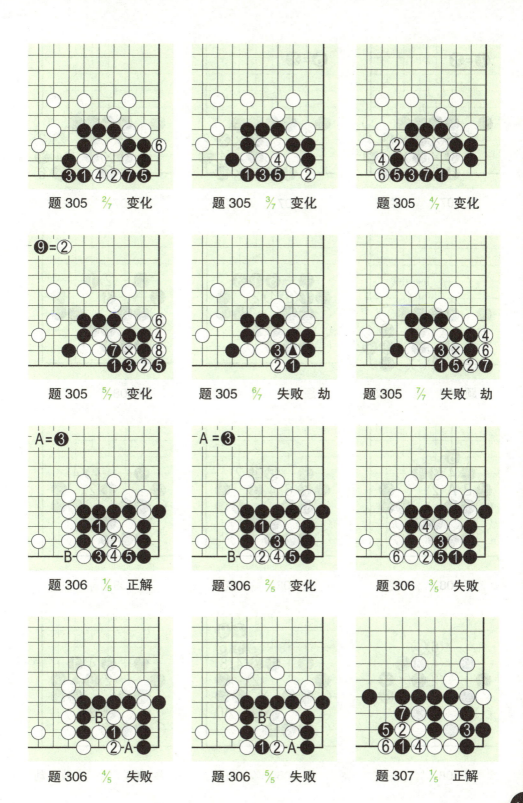

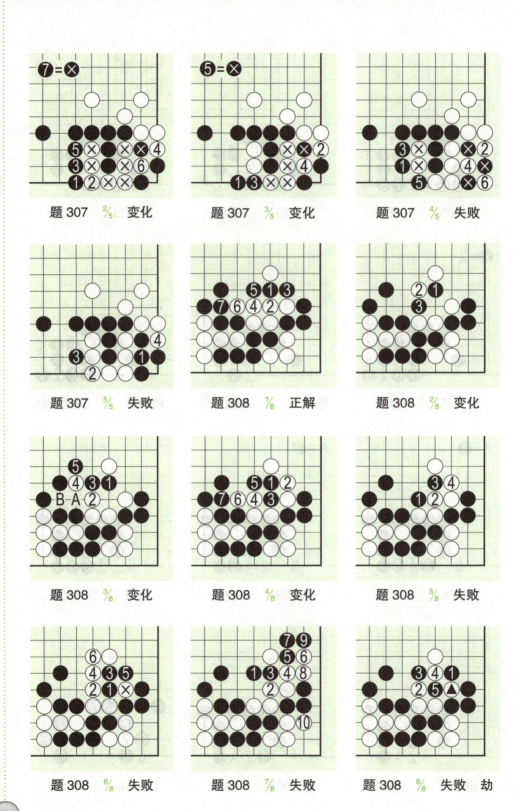

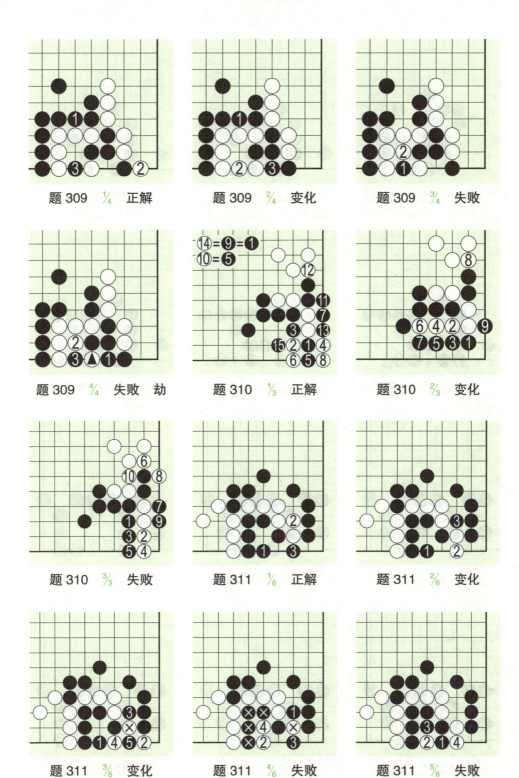

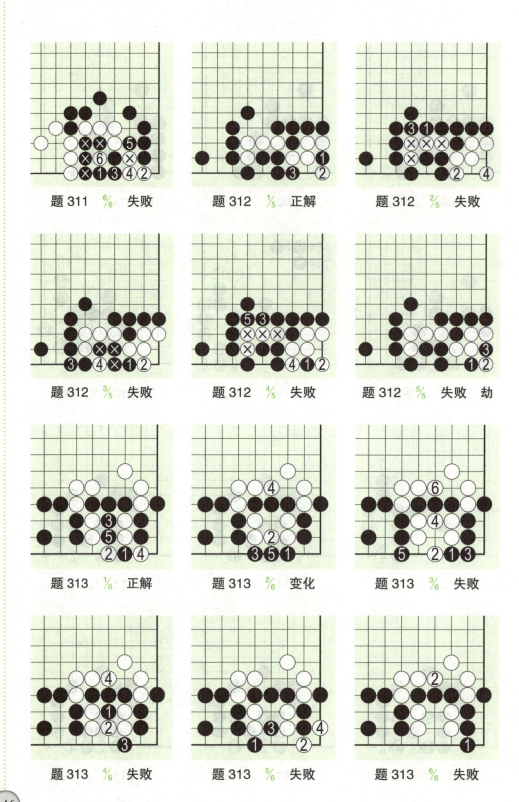

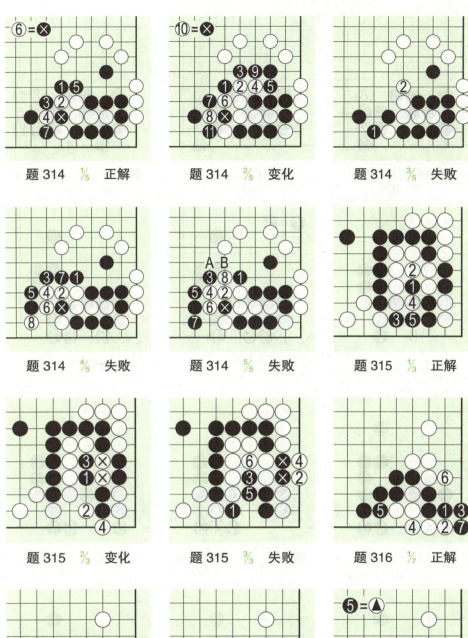

题314 1/5 正解 题314 2/5 变化 题314 3/5 失败

题314 4/5 失败 题314 5/5 失败 题315 1/3 正解

题315 2/3 变化 题315 3/3 失败 题316 1/7 正解

 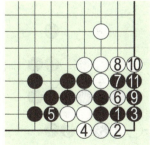 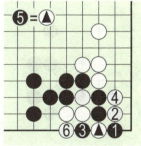

题316 2/7 变化 题316 3/7 变化 题316 4/7 失败

147

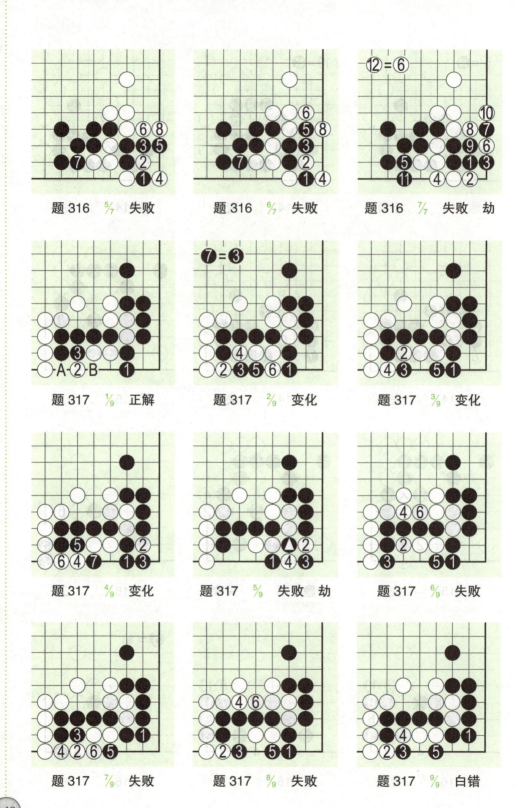

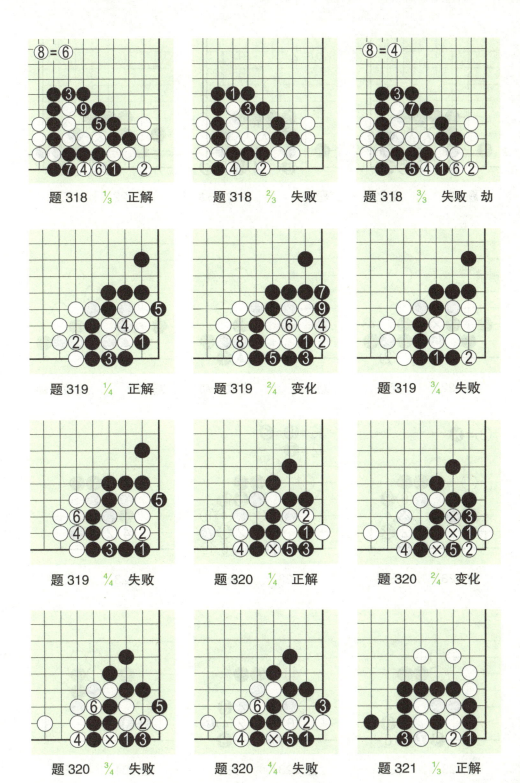

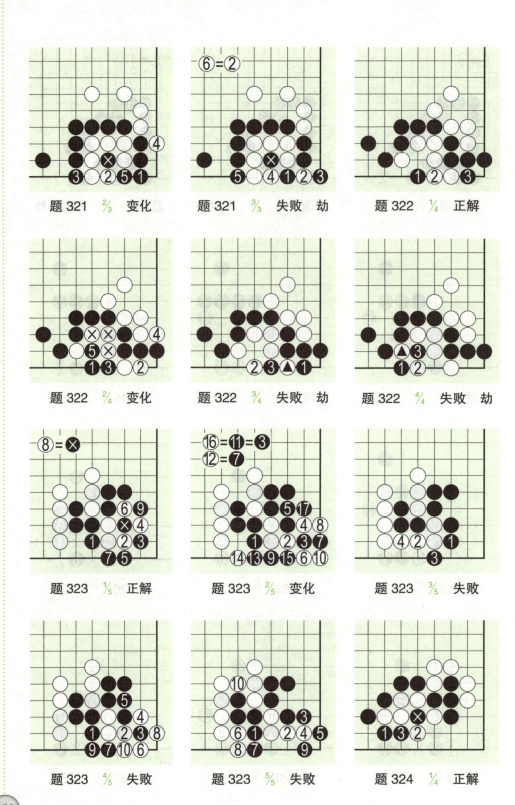

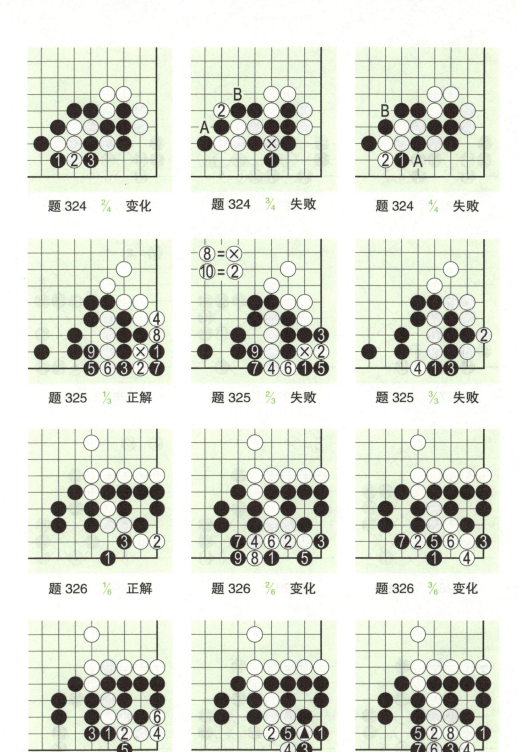

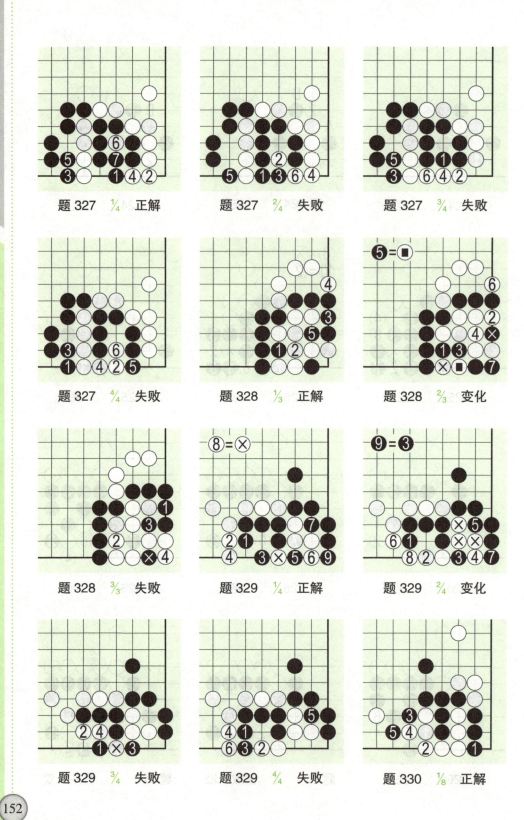

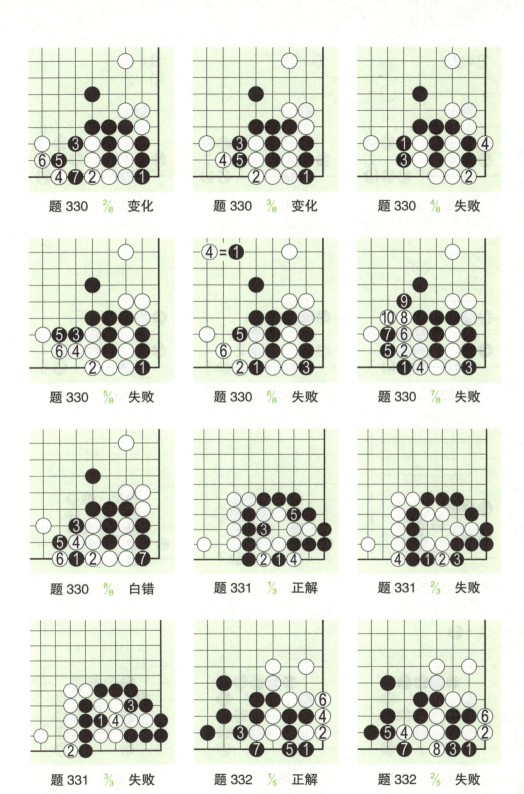

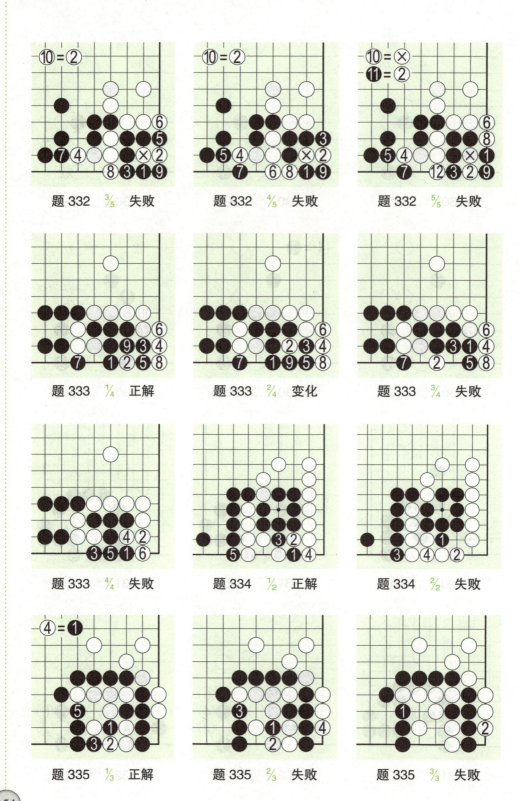

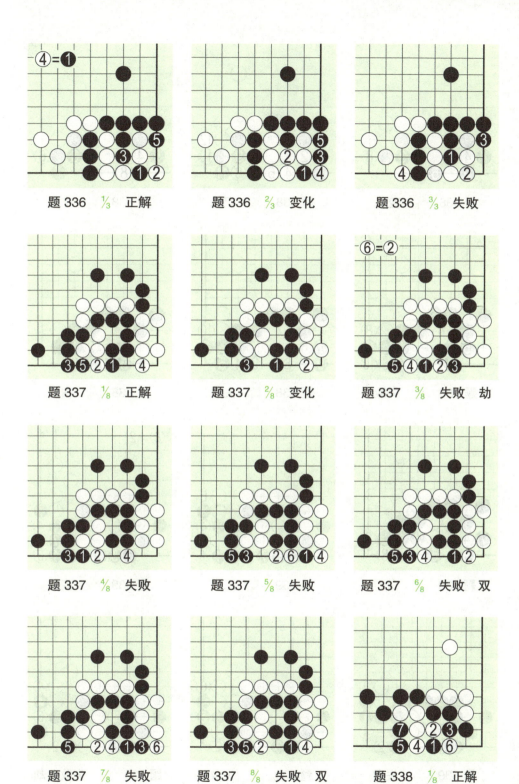

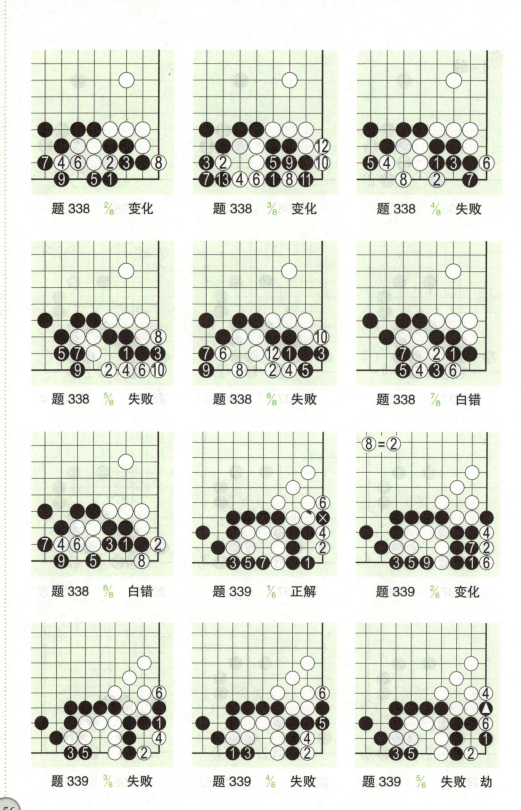

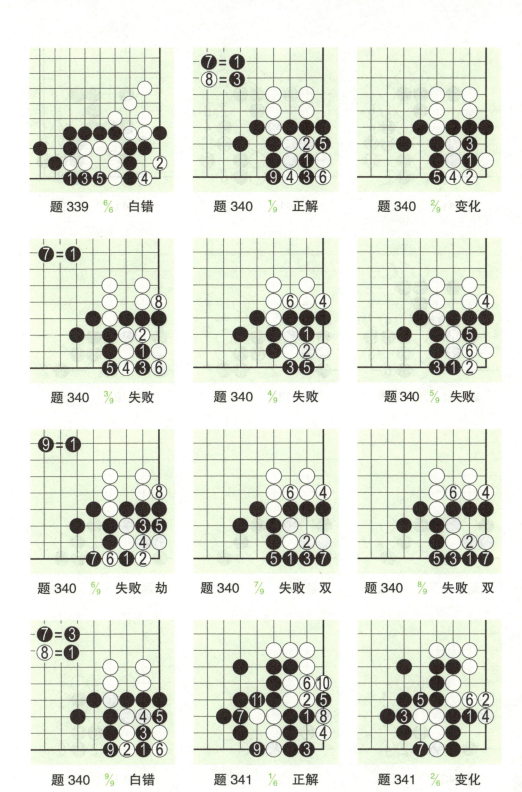

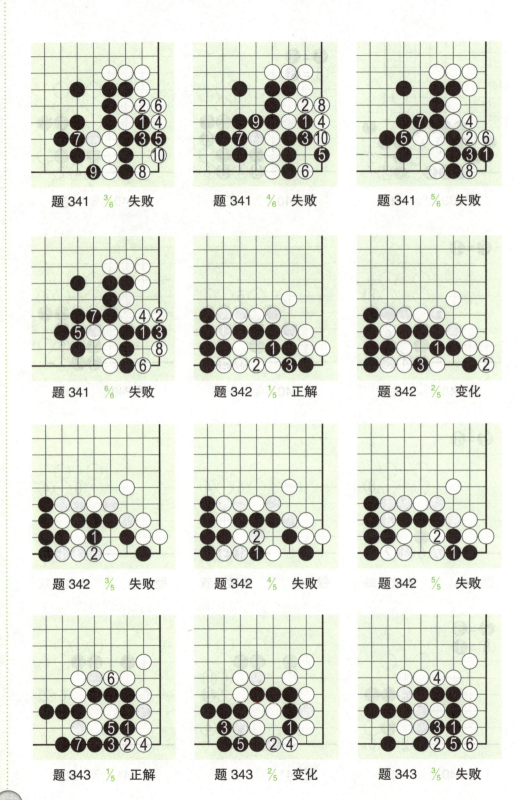

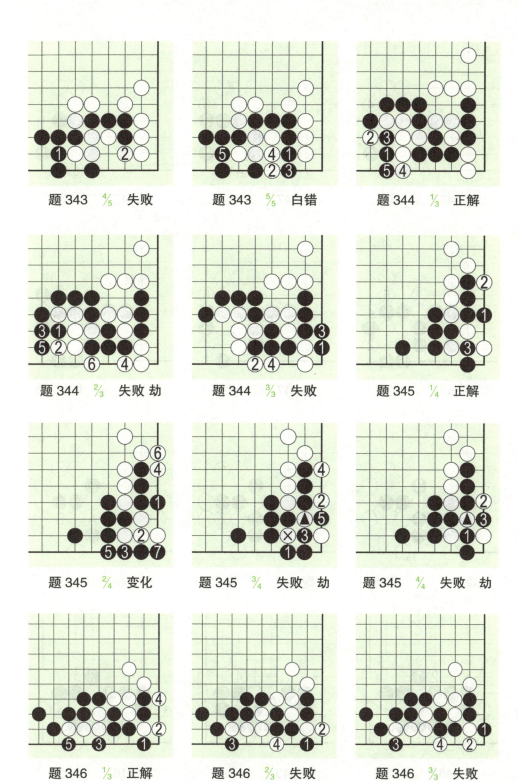

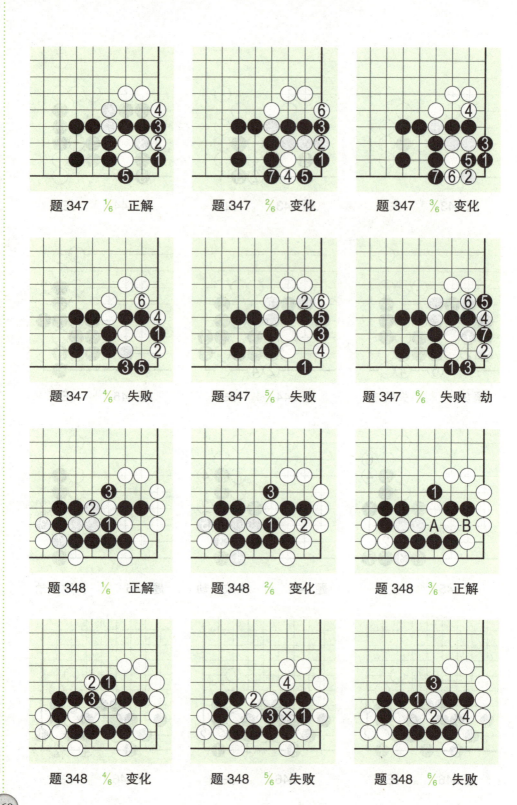

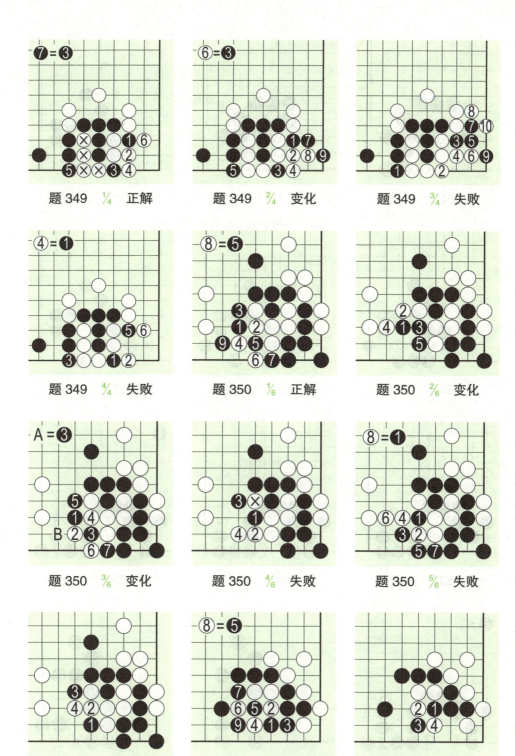

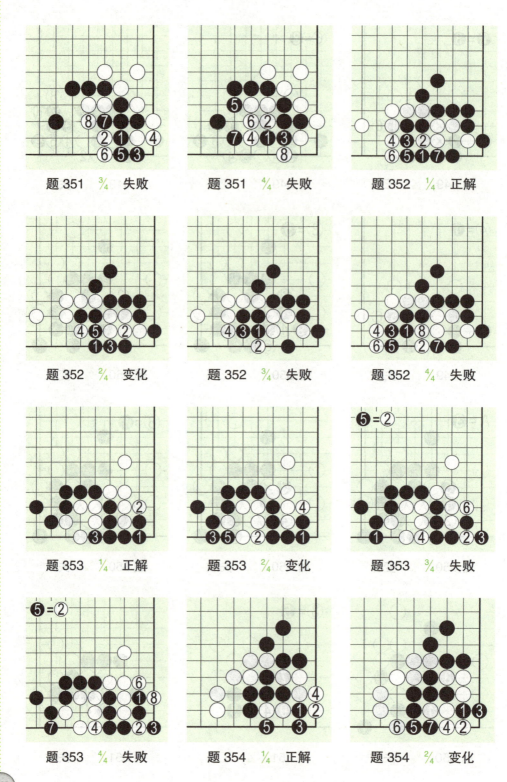

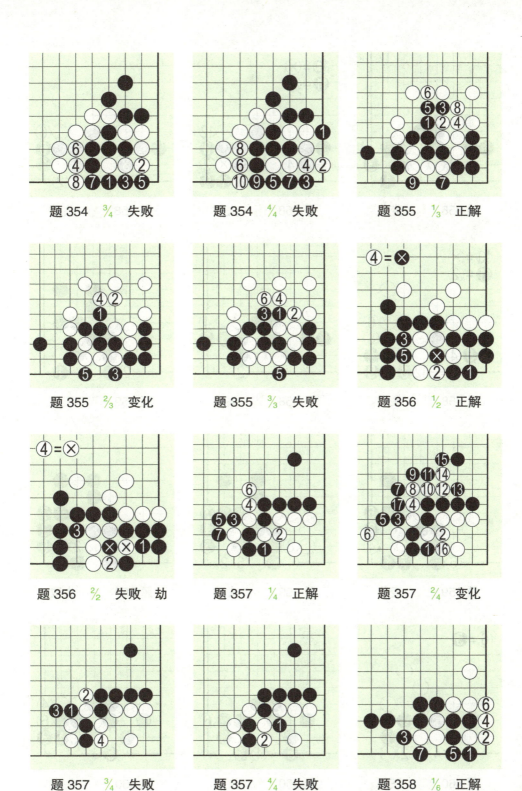

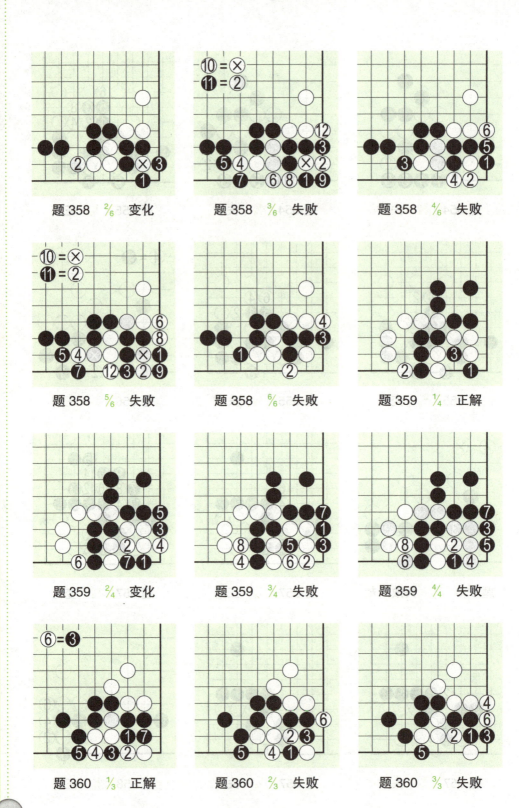

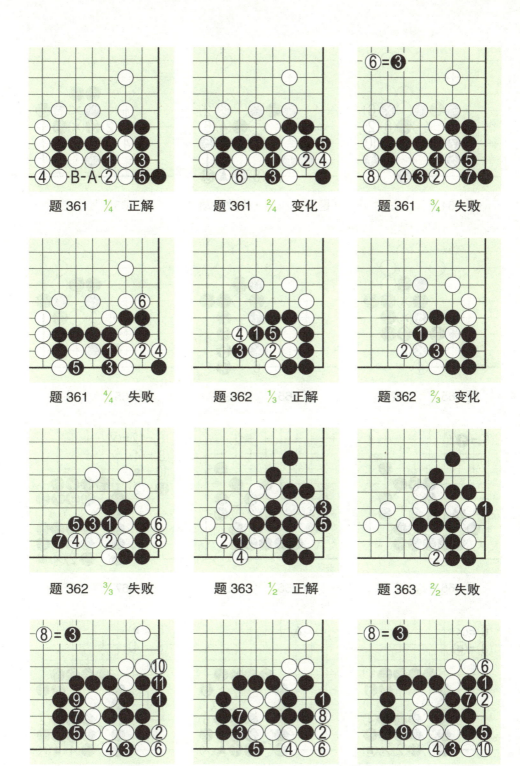

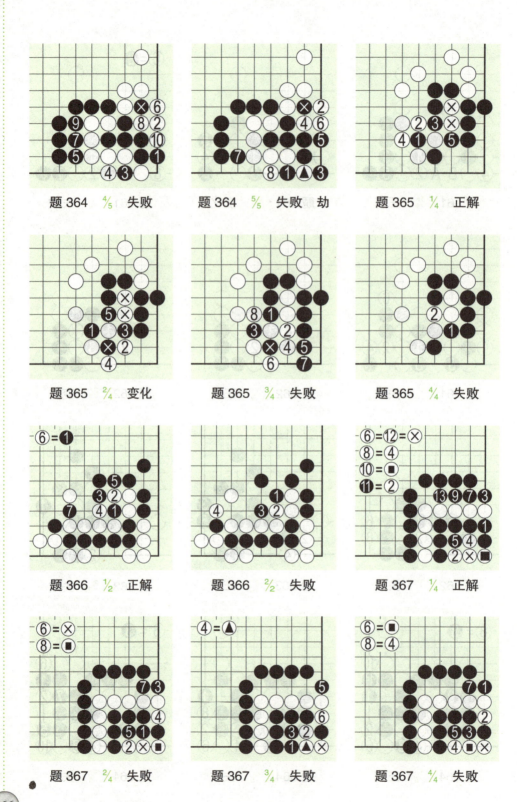

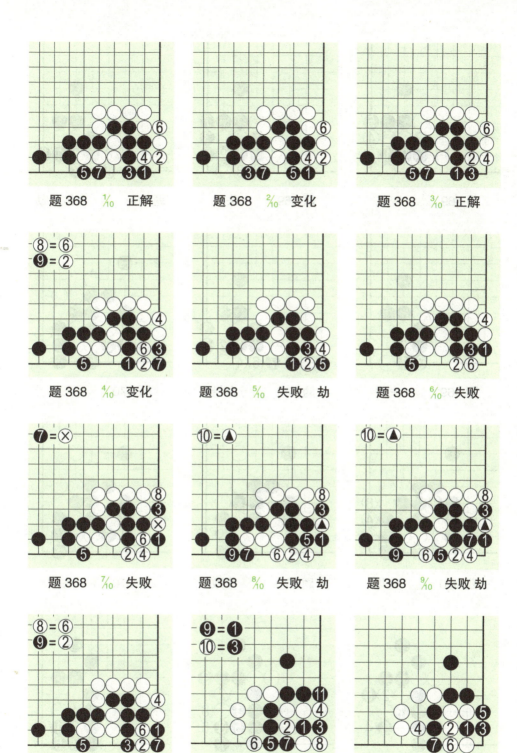

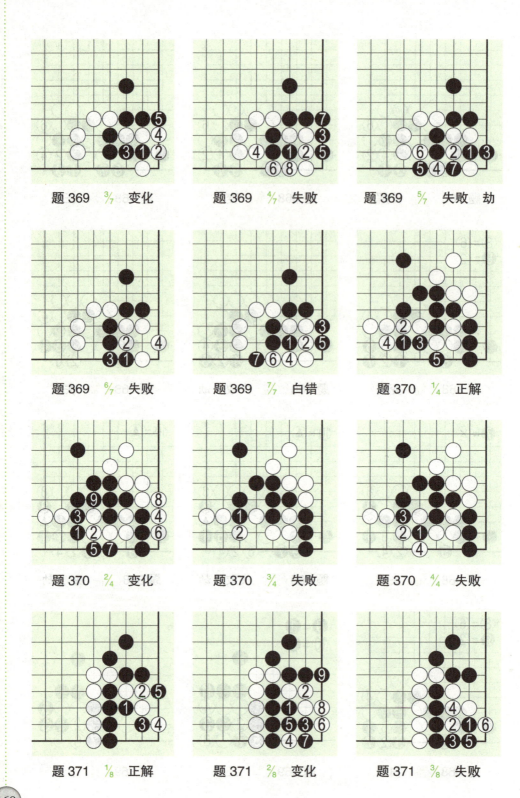

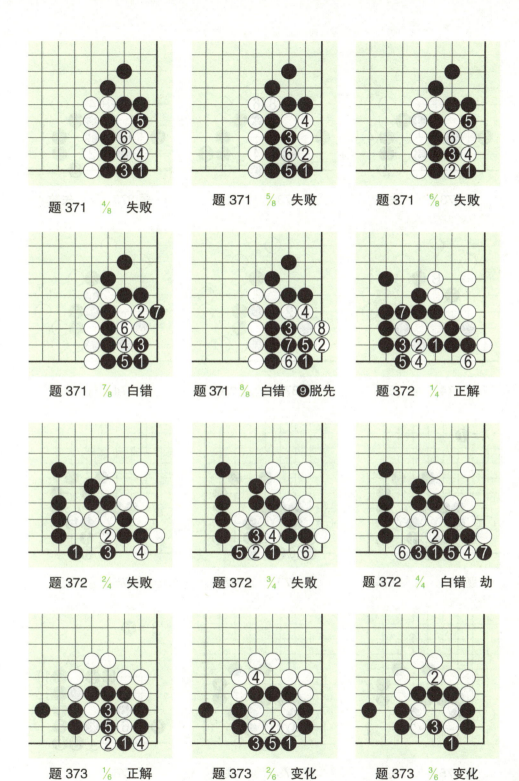

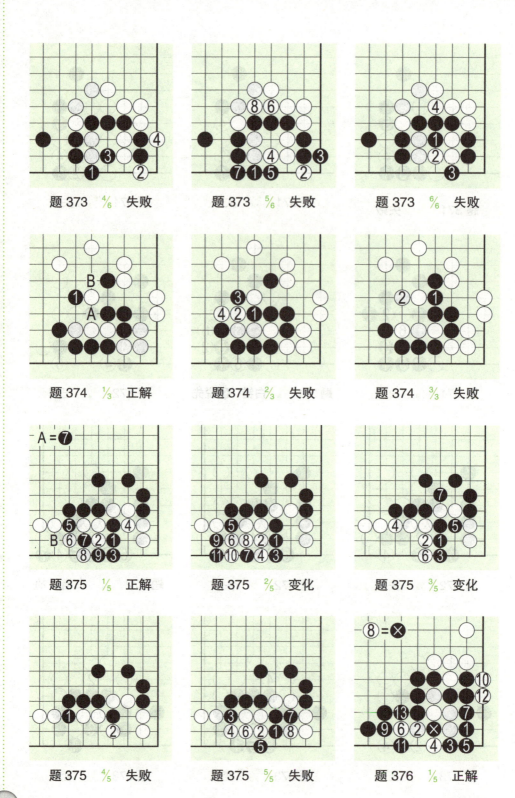

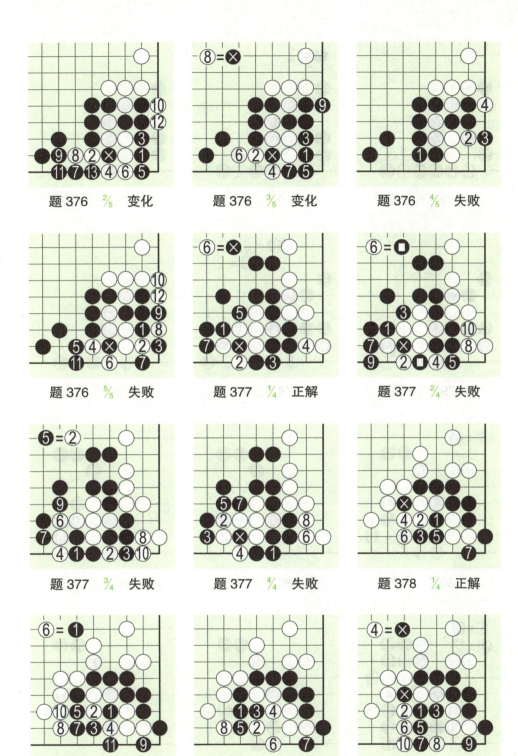

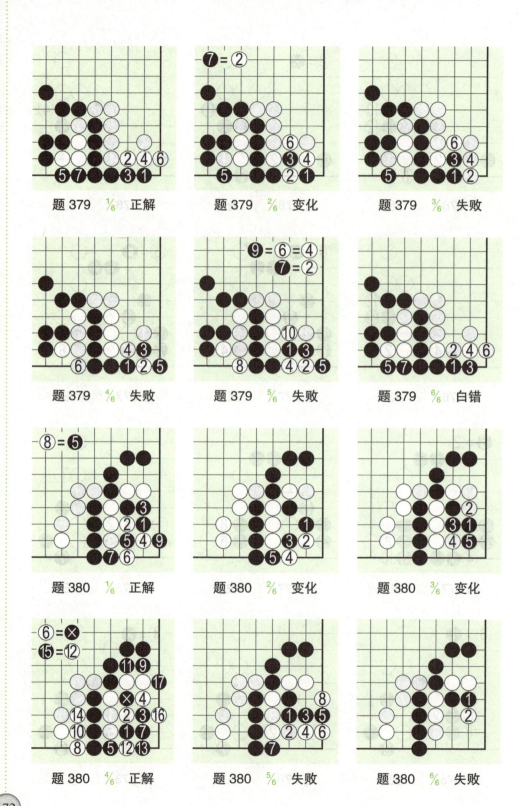

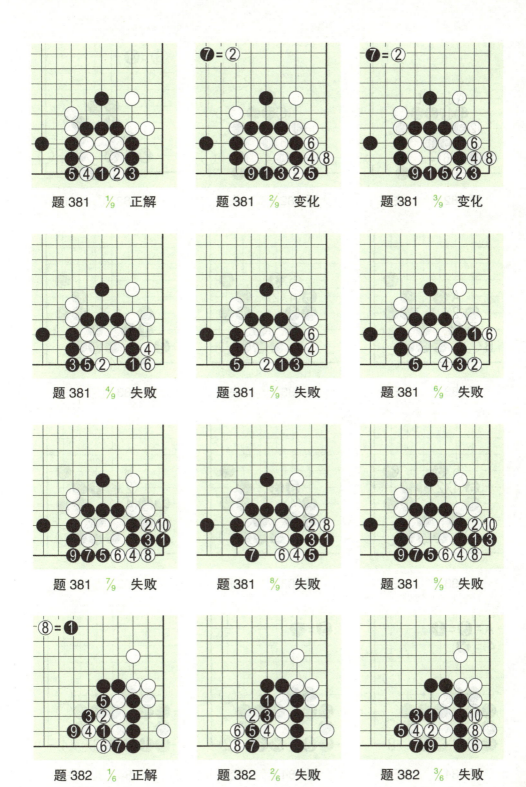

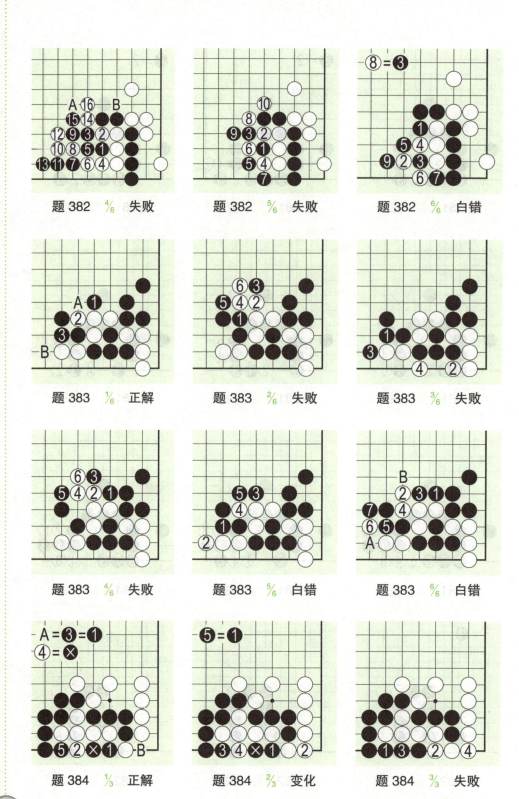

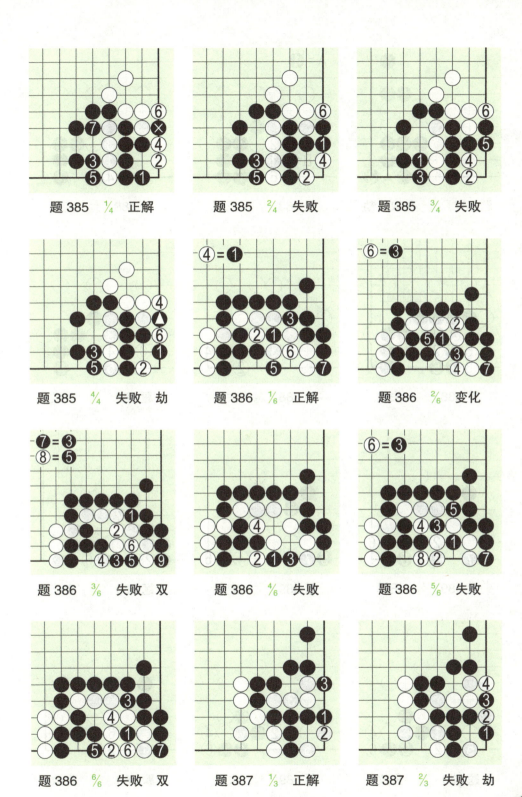

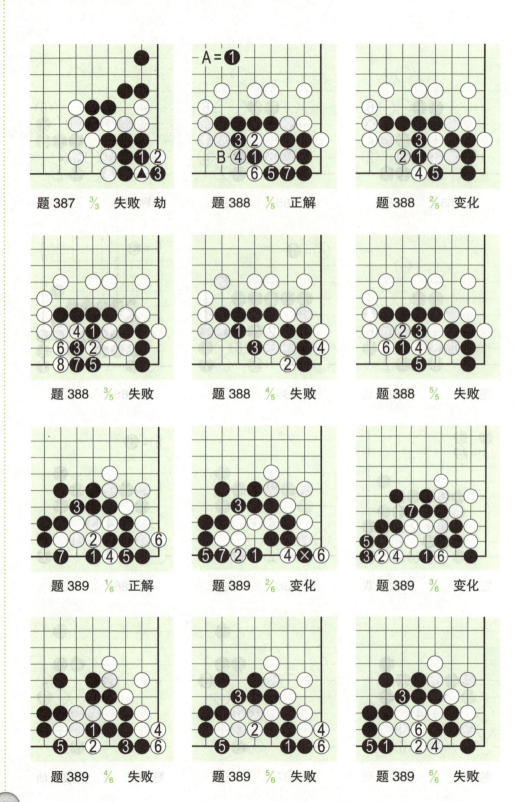

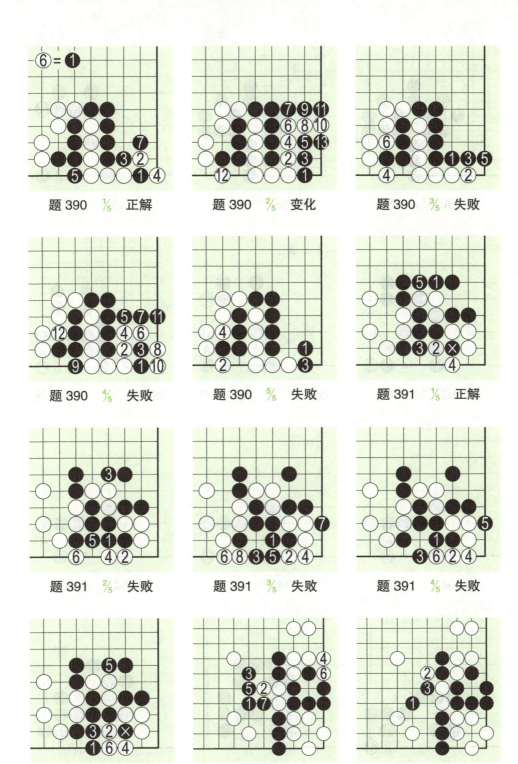

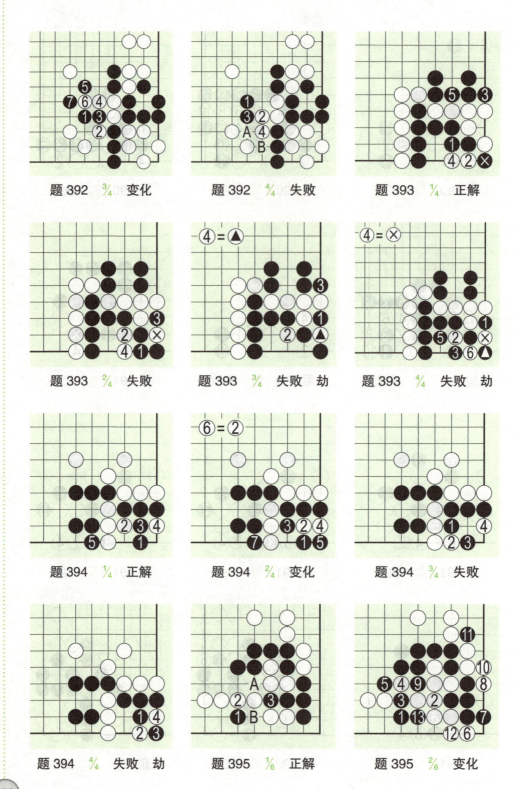

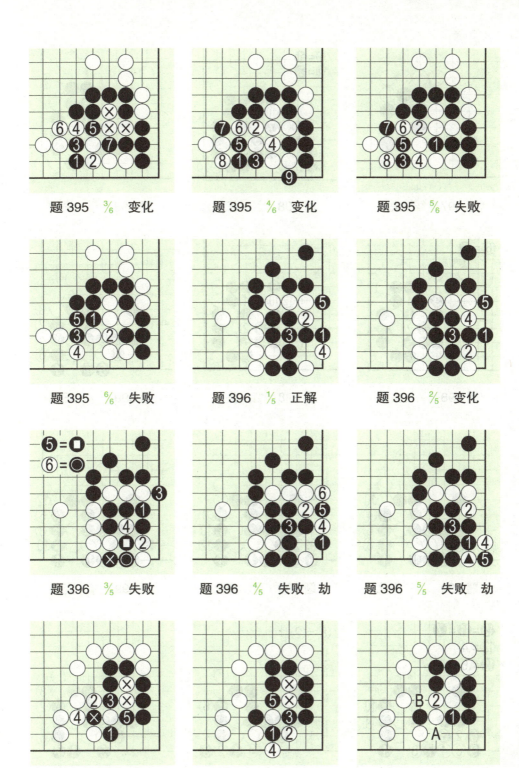

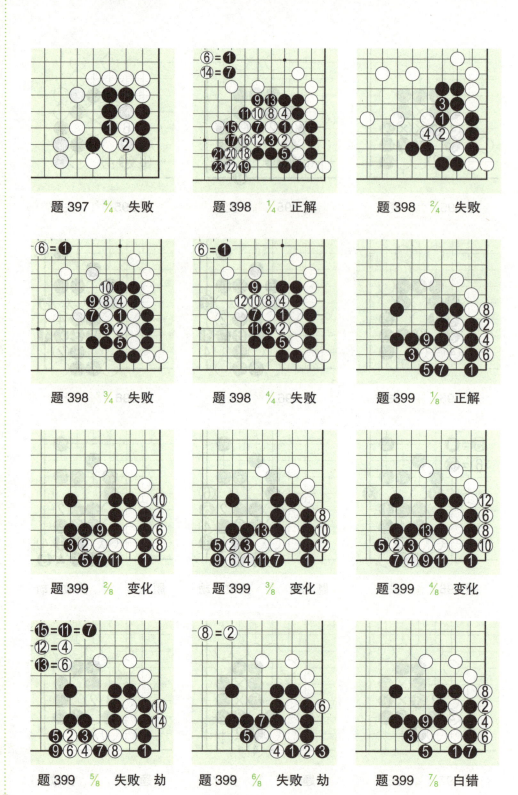

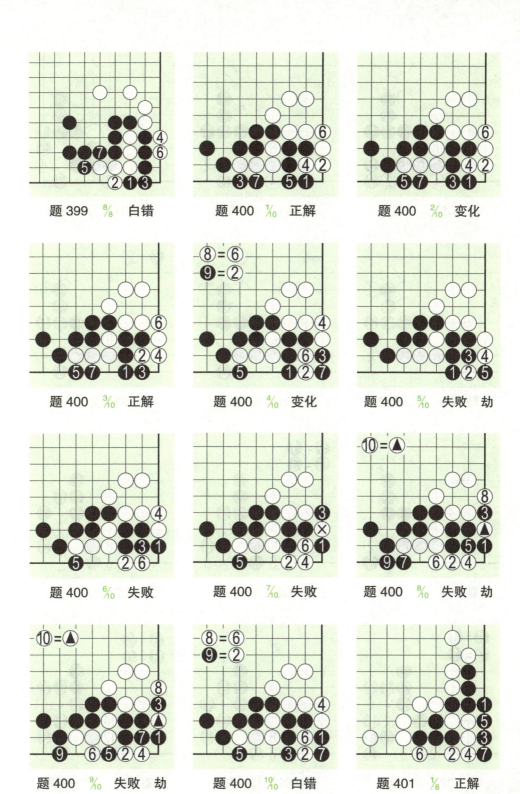

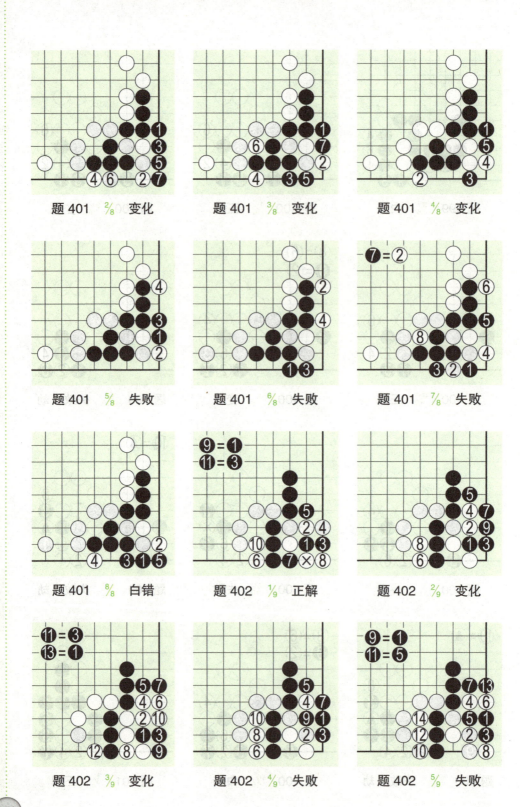

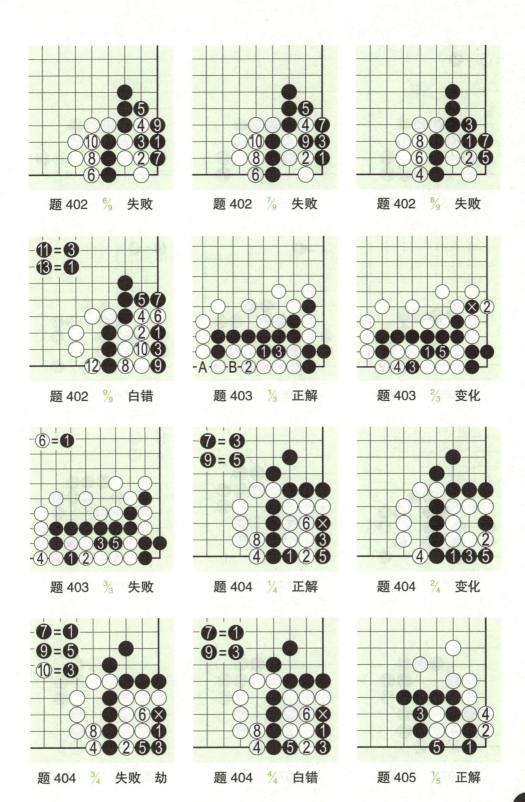

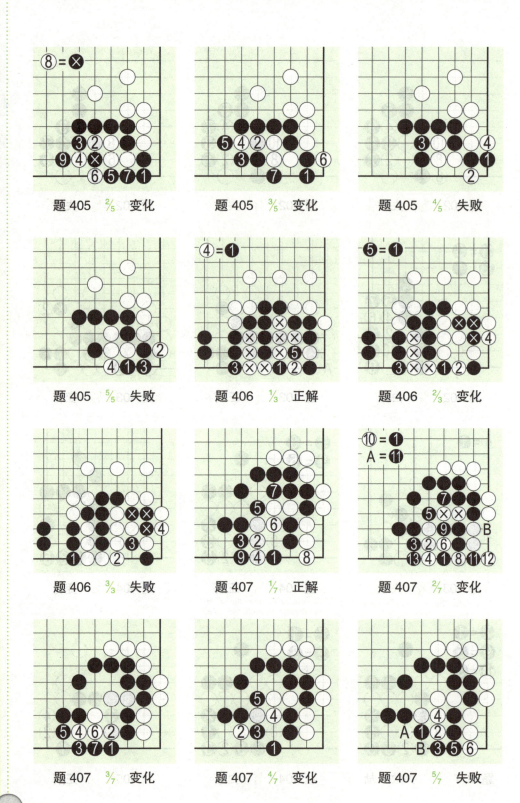

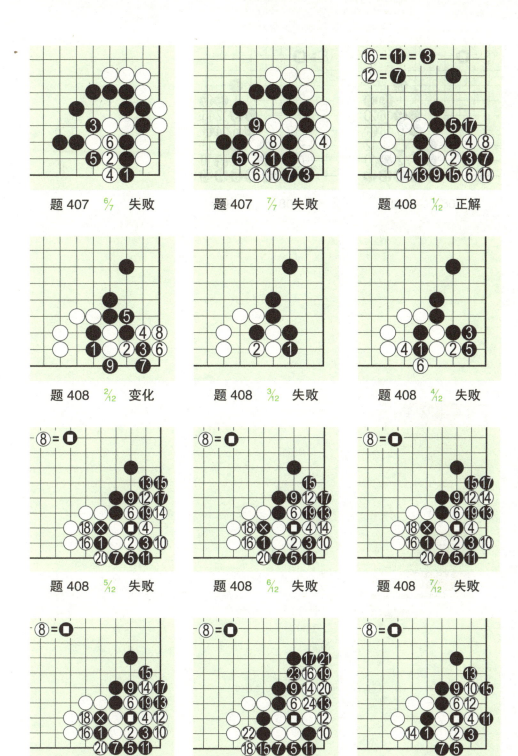

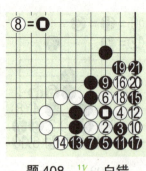

题408 ¹¹⁄₁₂ 白错

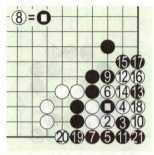

题408 ¹²⁄₁₂ 白错